平和への決断

国防なくして
繁栄なし

大川隆法
RYUHO OKAWA

まえがき

私は、言論人、宗教家、教育事業家でもあるが、ある意味で日本の政治思想の主《しゅ》柱《ちゅう》であり、未来への羅《ら》針《しん》盤《ばん》でもある。

宗教家が「国を守れ」と主張するのは、戦争をしたいからではなく、国民を護《まも》りたいからである。

たとえ何と評されても結構である。しかし、私の「平和への決断」とは、新・帝国主義との対決である。言論において――。行動において――。

もうこの国の知識人は、丸山眞男の書物を捨てて、政治思想家としての大川隆法の考えを学ぶべき時である。

未来への道がそこに拓《ひら》ける。

二〇一一年　五月十二日

幸福《こうふく》の科学《かがく》グループ創始者兼総裁《そうししゃけんそうさい》
幸福実現党創立者《こうふくじつげんとうそうりつしゃ》・党名誉総裁《とうめいよそうさい》
大川隆法《おおかわりゅうほう》

平和への決断　目次

第一部　日米安保と太平洋戦争の真実

第1章　日米安保改定をめぐる「決断」

第3章　国防と平和に関する対話［質疑応答］

第二部　真の世界平和を目指して

第4章　国境を守る人々へ

第5章　この国を守る責任

第6章　平和への決断

第一部　日米安保と太平洋戦争の真実

第1章

日米安保改定をめぐる「決断」

原題『日米安保クライシス』講義

2010年5月23日
東京都・幸福の科学東京正心館

1 「安保改定」で激突《げきとつ》した「丸山眞男《まるやままさお》と岸信介《きしのぶすけ》」

朝鮮《ちょうせん》戦争が始まり、日本はアメリカと安全保障条約を結んだ

本章では、私の著書『日米安保クライシス』（幸福の科学出版刊）の内容に関連して述べていきたいと思います。

昨年（二〇一〇年）、政治においては、沖縄《おきなわ》の米軍普天間《ふてんま》基地問題を中心に、日米間のきしみがいろいろと問題にされ、日米安保、日米同盟が大きなテーマの一つになりました。

幸福実現党は、二〇〇九年の時点で、すでに、それを衆院選の争点として挙げていたのですが、翌年になって、やっと、参院選の争点として浮《う》かび上がってきたのです。

年配の方《かた》はご存じかと思いますが、若い方のために、日米安保条約等の歴史的経《けい》緯《い》について、簡単に述べておきます。

一九五一年、吉田茂《よしだしげる》内閣のときに、サンフランシスコで講和会議が開かれ、日本は四十八カ国と平和条約を結びました。このとき、日本とアメリカは日米安全保障条約（安保条約）にも調印したのです。

そして、一九六〇年に、岸信介《きしのぶすけ》内閣は、その安保条約を改定して、新安保条約を締結《ていけつ》しました。それは、「一九七〇年までの十年間は固定期間とし、それ以降は自動延長される」というものであり、しかも、「日本が攻撃《こうげき》されたときには、アメリカは日本を守るけれども、日本はアメリカを守らなくてもよい」という一方的な内容です。ただ、日本側も米軍基地の維持《いじ》などに協力する状況《じょうきょう》になっています。

そういう条約が結ばれた背景には、もちろん、戦後、日本に新憲法ができたことがあります。

新憲法では、第九条で、「国際紛争《ふんそう》を解決する手段としては、永久にこれを放棄《ほうき》する」という戦争放棄と、「陸海空軍その他の戦力は、これを保持しない」という戦力不保持を定めました。

ところが、一九五〇年に朝鮮《ちょうせん》戦争が始まると、占領軍《せんりょうぐん》の最高司令官として日本に来ていたマッカーサーは、「しまった。間違《まちが》えた。日本は憲法を改正すべきだ」と言ったとされています。憲法九条で戦争放棄と戦力不保持を定めているため、これでは朝鮮戦争に関して日本は何もできないからです。

マッカーサーがそれを話した相手は当時の吉田茂首相です。そして、そのことを証言しているのが岸信介です。『岸信介証言録』のなかで、岸元首相は、吉田茂から聞いた話として、「一九五〇年にマッカーサーが吉田茂にそのようなことを言った」と述べています。

ただ、その当時の日本は、国全体がまだ復興の途上《とじょう》で、再軍備を行えるような状態にはなかったので、吉田茂には、「アメリカは日本の〝番犬〟であり、アメリカに守ってもらえば、日本は経済に特化できる」と考え、復興にかけていたところもあるようです。

また、マッカーサーは、朝鮮戦争において、かなり強硬《きょうこう》な意見を述べたため、トルーマン大統領から最高司令官を解任されてしまいました。そして、後任の人は、マッカーサーよりも力の落ちる人だったので、マッカーサーほどには力を発揮できず、憲法は現状のままになってしまったのです。

そのような経緯があります。

岸内閣の「安保改定」を批判した政治学者・丸山眞男《まるやままさお》

一九六〇年、岸内閣のときに、日米間で新安保条約が結ばれるに当たり、日本国中で大規模な大衆デモが行われました。近年では、タイでも大規模なデモが行われましたが、あのようなデモが日本国中で起き、国会議事堂や首相官邸《かんてい》が取り囲まれるほどの状況だったのです。

当時、「安保改定」を批判していた理論的指導者の一人が、東大の政治学の教授だった丸山眞男《まるやままさお》です。

この人は、戦前の一九三三年、すなわち中国で満州事変《まんしゅうじへん》が起きた二年後に、警察に検挙され、いわゆる特高《とっこう》（特別高等警察）に取り調べられたこともあります。そのため、権力への不信感を非常に持っている人でした。また、戦争中に、〝天皇制に基《もと》づくファシズム〟のようなものを批判する論文を書いていたため、警察から目を付けられていました。

丸山眞男が天皇制および日本軍部について書いた研究論文を、私が現在の目で読むかぎりでは、「彼は、国家神道《しんとう》以外の宗教を排除《はいじょ》し、戦争に突《つ》き進んでいく、天皇制を中心とした国家神道的な国体（国の体制）を、今から十五年ほど前に大事件を起こしたオウム教のようなものとして見ていた」ということが感じられます。

それは、今で言えば、アフガニスタンなどで活動している、タリバンを中心とする爆弾《ばくだん》テログループのようなものでしょうか。戦前の日本における、天皇制と軍部が一体化したスタイルの国のあり方を、彼は、そう見ていたと思われるのです。

戦後、共産主義圏《けん》と自由主義圏の「冷戦」が長く続いた

日本が先の戦争に敗北した結果、戦争に反対していた人たちに対する評価は、戦後、逆転してグーッと上がりました。また、戦争中は刑務所《けいむしょ》に放り込《こ》まれていた共産党の指導者たちも、「戦争に反対した」という理由で株が上がり、戦後の一時期、共産主義は非常に広がったのです。

欧米《おうべい》は第二次大戦を「ファシズム」対「民主主義」の戦いと位置づけています。ところが、戦後、今度は「共産主義圏《けん》」対「自由主義圏」の戦いが始まってしまいました。これを「冷戦」といいます。

今のロシアの前身である旧ソ連を中心として、中国や東欧などが属する東側陣営《じんえい》と、アメリカや西欧などが属する西側陣営との冷戦が始まったのです。日本は西側陣営に組み入れられることになり、長らくソ連側と睨《にら》み合っていました。そういう時代が続いたのです。

この冷戦期において、「安保世代」の人々のなかには、旧ソ連や中国、北朝鮮等を、理想の国のように言っている人たちがいました。ただ、当時は東側の国々に関する情報が少なく、その実態がよく分からなかった面もあります。そのため、共産主義勢力と資本主義勢力のどちらが正しいのか、分からないようなところもあったと思うのです。

共産主義型の国家には、重工業を中心とする計画経済に成功した面もあります。要するに、軍事産業を基本にすれば計画経済でも運営できるので、「五カ年計画」を着々と進めていき、非常に発展したのです。特に、人工衛星の打ち上げではソ連がアメリカよりも早かったため、ケネディ大統領が巻き返しを図《はか》ったほどです。

社会主義は「共産主義に至る前の段階」ですが、このように、「社会主義陣営、あるいは共産主義陣営のほうが優《すぐ》れている」と言われていたこともあります。

今、日本から嫌《いや》がられている北朝鮮が、夢の国のように言われていた時代もあり、その論調に乗って北朝鮮に行ってしまった人々もいます。「よど号ハイジャック事件」というものを起こし、北朝鮮に亡命した人たちもいましたが、その人たちは、そのあと、大変な目に遭《あ》っていると思います。

情報が正確でない場合には、そういうことになるのです。

ベルリンの壁が崩《くず》れてソ連が崩壊《ほうかい》し、東側の実態が明らかに

その後、一九八九年にベルリンの壁《かべ》が崩《くず》れ、一九九一年にはソ連が崩壊《ほうかい》しました。

実は、私が、ちょうどソ連の上空を飛行機で飛んでいるときに、ソ連という国がなくなり、ロシアと、その他の国々に分かれたのです。そのように、国が崩壊する瞬間《しゅんかん》を上空から見下ろしていたことがあります。

「ええっ！」と驚《おどろ》くようなことですが、ヨーロッパへ行くためにソ連の上空を飛んでいるとき、その国がなくなってしまったわけです。

ソ連の崩壊に伴《ともな》い、初代大統領だったゴルバチョフは辞任しましたが、ロシアでは、すでにエリツィンが大統領になっていました。そのゴルバチョフは、同年の

夏に、「反対派によって拉致《らち》され、軟禁《なんきん》されたものの、やがて救い出される」という、まことにみっともない格好をさらしていました。

ベルリンの壁が崩れてソ連が崩壊して以降、東側諸国の内実が明らかになってきましたが、それは、ひどいものでした。計画経済においては、軍事的なものはうまくいくのですが、一般的《いっぱんてき》なサービス産業に関する仕事や商品の需要《じゅよう》・供給等は、官《かん》僚《りょう》統制型では読めないのです。そのため、「経済の中身はかなりひどくて、民《たみ》も貧しく、ものがなくて飢《う》えていた状態だった」ということが、ふたを開けてみたら分かったのです。

それは、ソ連もそうでしたし、東ヨーロッパもそうでした。また、かつての中国も同じような状態でした。今の北朝鮮も同じです。情報統制をされていたので、その実態が分からなかったのです。

〝ボンボンカルチャー〟の持ち主・丸山と、長州人の血を引く岸

一九八五年に当会の霊言集《れいげんしゅう》が出始めたころには、共産主義勢力と資本主義勢力のどちらが正しいのか、世間の人々には、まだよく分からない状態であり、「両方とも正しいのではないか」「五分五分だ」など、いろいろと言われていました。

例えば、「自由主義圏では、金持ちは、ものすごく儲《もう》かるが、堕落《だらく》したり失敗したりすれば、乞食《こじき》になってしまう。一方、共産主義圏では、誰《だれ》もが平等に暮らせる」というような話もあり、やや価値観が揺《ゆ》れていたと思います。

一九八五年ぐらいの段階で、まだその状態だったのです。ソ連崩壊の六年ほど前です。

したがって、一九六〇年であれば、「共産主義の実態は、まだまだベールの彼方《かなた》に隠《かく》されていて、よく分からなかった」という状態です。そのため、日本を代表するような政治学者等にも、「左翼《さよく》陣営、共産主義に近い考え方のほうが正しいのではないか」という考えを持っている人は、そうとういたのです。

これは何となく分かります。インテリで、ある程度、豊かな生活をした人には、

「心情的に優《やさ》しい」という傾向《けいこう》があって、何か「平等」のようなことを言わなくてはいられないような気持ちになるところがあるのです。鳩山由起夫《はとやまゆきお》氏にも、そういう傾向はあります。

実際に、自分が努力して、貧しい状態から這《は》い上がってきた人は、そういうことを言わなくなりますが、もともと恵《めぐ》まれている人には、わりに、「平等」を言いたがる傾向があるのです。

丸山眞男の父親は、朝日新聞の通信部長を経て、その後、毎日新聞などで活躍《かつやく》したジャーナリストで、「洋行帰り」「外国帰り」の人でした。

丸山眞男は、その父親の影響《えいきょう》もあって、学生時代から、政治についての情報をかなり持っていたため、政治的には早熟だったと思います。父が外国帰りだったので、彼の家には、洋物というか、英語の本や外国製品がたくさんあったようです。また、彼は、個人として、映画を見たりピアノを弾《ひ》いたりするカルチャーを持っていました。当時の山の手の〝ボンボンカルチャー〟を持っていたのです。

そういう人が、安保改定に反対する側のリーダーになっていました。

一方、岸信介のほうは山口県出身で、長州人の血を引いています。彼の祖父あたりは吉田松陰《よしだしょういん》の手紙を大事に持っていて、見せてくれたりしたそうです。岸信介は、そういう家柄《いえがら》の人で、彼には長州人の血が流れていました。

岸信介の「決断」が日本に五十年間の平和と繁栄《はんえい》をもたらした

そういう二人が今から五十年前に激突《げきとつ》したわけですが、どちらが正しいか、当時の人たちには分かりませんでした。市民たちは、「革命が起きる前夜」というような感じで活動していましたが、岸首相は、結局、安保改定を断行し、新安保条約の発効後に退陣したのです。

「安保改定を行った、その判断は正しかったのかどうか」ということについて、五十年たって考えてみると、少なくとも、日本が平和と繁栄《はんえい》を五十年間にわたり享受《きょうじゅ》できたのは、このときの「決断」にかかっているのは間違いないと思います。

もし、安保闘争《とうそう》で安保改定反対派のほうが勝ち、政権側が負けて安保条約をあきらめていた場合には、日本は北朝鮮のような国になっていただろうと推定されます。別の言い方をすれば、かつての中国のような国になっていたと思われます。

その結果、おそらく、百万人単位ぐらいで知識人が粛清《しゅくせい》されていたでしょう。「外国帰りの人やインテリなどは、言うことをきかないので、殺してしまう」というのが、共産主義のやり方です。そうした国になっていたかもしれない、非常にきわどい時期だったと思います。

学者や世論《せろん》が安保改定に反対していたため、単に多数決の原理だけでは決められない時期であって、やはり、政治家の信念が大きく影響したと思います。

「吉田松陰以降の流れを引いていた」ということを考えると、何となく岸信介の気概《きがい》が分かるような気がします。彼自身は、安保改定後に暗殺未遂《みすい》までされているぐらいなので、安保改定は大変な決断であったと思います。

私は大学で政治学を専攻したのですが、安保改定に関しては、「実際の政治をしている政治家は偉《えら》いものだな」という印象を持ちました。

「学者が何と言おうと、世論がどのように言おうと、それに逆らってでも、やらなくてはいけないことがある」ということを、この人は身をもって示したので、「政治家には、偉いところもあるのだな」と思ったことや、「その現実感覚は非常に大事なものなのだな」と感じたことを覚えています。

2　丸山眞男《まるやままさお》の思想の問題点

戦後の日本で〝神格化〟された丸山眞男

私が東京大学に入ったころには、すでに丸山眞男《まるやままさお》の〝神格化〟が始まっているような状況《じょうきょう》でした。

当時、朝日新聞の日曜版の文化欄《らん》あたりに、一ページぐらいで、丸山眞男の新刊本の書評が大きく載《の》りました。『戦中と戦後の間』という、分厚い〝太巻き〟の本について、学者か文化人が書評を書いていましたが、丸山眞男を神様のようにほめ称《たた》えていたことを覚えています。

「ピアノが弾《ひ》ける」「音楽が分かる」「映画評論もなかなか一流だ」など、私から見たら、どうでもいいような、くだらないことが、いろいろと書いてありましたが、肝心《かんじん》な中身そのものは、雑文を集めたような本でした。

つまり、丸山眞男は、体系的な本を書いていない人なのです。体系的な理論書が書けていません。その『戦中と戦後の間』という本も、エッセイなどの雑文をたくさん集め、編集者がつくった本です。それを、ものすごくほめ称え、紙面を大幅《おおはば》に割《さ》いてあるのを見て、「とても心酔《しんすい》している」という印象を受けました。

その意味では、丸山眞男と岸信介の霊言を収録した『日米安保クライシス』は、朝日新聞や岩波書店、および、朝日・岩波系の文化人たちにとっては、そうとうこたえる本であろうと思います。

同書を読むと、丸山眞男は、一貫《いっかん》して、自分が死んだことを分かっていませんし、宗教に対しては、「表裏《おもてうら》の裏である」という言い方をしており、「宗教は、啓蒙《けいもう》とは反対の立場にある。人々を宗教から離《はな》すことが、啓蒙だ」という考えを持っていることが分かります。

このような考え方は、この人だけとは言えません。この人の師匠《ししょう》である南原繁《なんばらしげる》や、南原繁の後輩《こうはい》に当たる岡義武《おかよしたけ》といった政治学者たちも、カントの流れを汲《く》む考え方を持っていました。

確かに、カントは、生前、学問の対象になるものと、ならないものとを分けましたが、それは、「心霊《しんれい》現象やあの世などは学問的対象にしづらいので、自分たちは、学問として研究できる範囲《はんい》のものを研究する」というような趣旨《しゅし》で分けただけなのです。

しかし、カント学派の流れのなかには、「要するに、カントが立ち入らなかった領域は、基本的に、学問が否定すべき領域である」と安易に捉《とら》えてしまい、そういうものを否定する傾向《けいこう》が出てきたのです。

丸山眞男の宗教観には「新カント派」の影響《えいきょう》がある

『日米安保クライシス』のなかで丸山眞男の霊が言っていることを読めば、「戦後の日本の教育が、なぜ、これほど偏向《へんこう》してきたか」ということがよく分かると思います。宗教を信じる者が読むと、「おかしなことをたくさん言っている」ということが分かるのですが、この世の言論として見れば、非常にまっとうに聞こえるようなところがあるのです。

例えば、同書の三十ページでは、「宗教は、政治の舞台《ぶたい》で表には出ないし、教育の世界でも表には出ない。宗教は裏の世界に生きているのであって、『個人が家庭のレベルぐらいで信仰《しんこう》する分には構わないし、日曜日に、会社などの所属団体を離れて、個人的に信仰し、ほかの者に害を与《あた》えない範囲内では構わない』ということかな。『信教の自由』や『思想・信条の自由』はあるからね。何を思おうと、それは自由だろうけどね」と言っています。

　また、四十四ページでは、「死後の世界があるか、ないか」という話について、丸山眞男の霊は、「あるかもしれないけど、どちらかといえば、『遺族の情緒的《じょうちょてき》な感情を守るために、仮想現実として、そういう世界があってもいい』というレベルの問題じゃないかな」と言っています。

　こういう考え方が、今の〝表側〟の言論の基調になっていると思います。

　彼は、さらに、「遺族にとっては、『亡くなった人に、もう会えない』ということは悲しいから、『霊界《れいかい》というものがあって、ときどきは、あの世に還《かえ》ったおじいちゃんやおばあちゃんに会える』とか、『死んだお父さんやお母さんに会える』とか、『お彼岸《ひがん》に会える』とか、『法事《ほうじ》のときに来てくれる』とか、『自分も死んだら、あの世で会える』とか、そういうふうに思うのが肉親の情だよな。『亡くなった者を偲《しの》ぶ者の感情を守る』という意味での高等な作法として、そういうものが仮定されても構わないとは思うけれども、現実問題としては、君、『学問的に検証できないものは認めない』というのが科学的態度ですよ」と言っています。

戦後の教育論や、宗教に対するマスコミの態度は、このような考え方が決めていると見てよいでしょう。これは、「新カント派」と言われる流れの一つだと思いますが、いかにも学問的で科学的に聞こえるのです。

しかし、実際には、死後の世界、あの世の世界は、「あるか、ないか」です。

死んでも、霊体《れいたい》として生きているのか、生きていないのか。あの世は情緒的想像の世界であり、遺族の感情を慰《なぐさ》めるためだけに法事等をしているのか。それとも、実際に、死んだ人があの世に行ってから迷わないようにするために、葬式《そうしき》をし、法事をして供養《くよう》しているのか。これは非常に大きな論点です。

戦後の学問や教育論、ジャーナリスティックな常識などの流れは、あの世を基本的には認めず、ぼんやりと「遺族の感情を守るレベルのもの」と思い、学問的ではないと考えています。

政治学だけではなく、東大のインド哲学科《てつがくか》や宗教学科にも、同じような傾向があります。仏教の経典《きょうてん》を数多く翻訳《ほんやく》した中村元《なかむらはじめ》にも、似たような傾向は出ていて、「あの世がある」「魂《たましい》がある」ということをはっきり言うことが非常に恥《は》ずかしいため、そこを上手に避《さ》けて通っているのです。

彼の全集を読むと、「個人的には、何となく、あの世があるような気がする」ということを、どこかに、かすかに書いてあったのを、確かに見た覚えはあるのですが、あの世があることを正面から書かないのは、「迷信を信じているようで、何か恥ずかしい」ということなのでしょうか。

彼より前の世代の仏教学者は、「あの世は当然ある。霊的世界がなければ、宗教など成り立つものか」という、強い態度を持っていました。ところが、中村元には、それが感じられません。

彼が訳した経典を読むと、仏陀《ぶっだ》と弟子《でし》との対話が、普通《ふつう》の人同士の対話のようになっています。まるで、インド哲学科の先生が学生と話しているようなレベルになっているのです。インド哲学科には、毎年、学生が数名しかおらず、まったくいないときもあります。彼が訳した経典では、非常にさみしいことに、仏陀の説法《せっぽう》が、二、三人ぐらいと雑談をしている程度になっているのです。

今、私が日曜日などに幸福の科学の支部や精舎《しょうじゃ》で説法をすると、毎回、衛星中《ちゅう》継《けい》の会場を除く本会場だけでも、数百人から千五百人ぐらいは集まります。したがって、当時の仏陀の説法が、予算を削《けず》られて苦しいインド哲学科における、先生と学生の対話のレベルでなかったことは明らかだと思います。

民主党の仙谷由人《せんごくよしと》氏は丸山思想の信奉者《しんぽうしゃ》

『日米安保クライシス』で語られた、宗教等に関する丸山眞男の考え方は間違《まちが》っています。しかし、まことに悲しいことに、あのような論理が、今、平気でまかり通っているのです。

特に、今の民主党政権の中枢部《ちゅうすうぶ》には、丸山思想の影響《えいきょう》を受けた世代の人がそういます。

徳島県出身で、国家戦略担当大臣や官房長官《かんぼう》を務めた仙谷由人《せんごくよしと》氏も、新聞か何かで、「政治の本では丸山眞男の著作しか読んでいない」と言い切っていたように思います。「枕元《まくらもと》に丸山眞男の著作を置き、繰《く》り返し、そればかりを読んでいた」と書いてあったのです。

しかし、地獄《じごく》に堕《お》ち、いまだに、自分が死んでいることも分からない人の著作しか読んでいないのでは大変です。おそらく、その内容が頭に入って熏習《くんじゅう》（しみ込《こ》んで残存すること）されているため、仙谷氏の脳みそは、丸山思想の論理以外には反応しないようになっていると思います。

仙谷氏は、宗教についても、丸山眞男と同じような目で見ており、あの世が存在するとは思っていないでしょう。おそらく、宗教で関心があるのは「票とカネ」ぐらいであり、思想的なものについては、「科学的でないものは信じられない」というレベルで済ませていると思われます。

3　何が「天国」と「地獄《じごく》」を分けるのか

丸山眞男《まるやままさお》は「思想の誤り」で地獄《じごく》に堕《お》ちた

丸山眞男《まるやままさお》の思想は、一言で述べると、「民主主義は永久革命だ。投票で権力者の首を挿《す》げ替《か》えられるところが民主主義の本質だ」というものです。

彼は天皇制に反対していましたが、「悪王が出たとき、この悪王の首を斬《き》れるのが民主主義なのに、天皇制というシステムでは、天皇の首の挿げ替えができない。したがって、天皇制があるかぎり、民主主義は完成しない」などという理由で反対していたのです。

今は象徴《しょうちょう》天皇制になっていますが、いつ何時《なんどき》、天皇が実権を持たないとも限りません。また、マッカーサーは、日本国憲法の草案起草に当たって、天皇を国家元首として位置づけていました。

そういうことがあるので、丸山眞男の天皇制批判には、一部、それらしく見えるところもあるのですが、彼が、死後、はっきりと地獄界《じごくかい》に行っているところを見ると、やはり、「その思想に間違《まちが》いがあった」と言わざるをえないのです。

もちろん、彼は法律上の犯罪を犯《おか》したわけではないでしょう。彼は多くの人から尊敬されましたし、何十万人もの人々が彼に追随《ついずい》して国民的運動を起こしました。また、個人として付き合っても、悪人ではなかっただろうと思います。

したがって、彼が地獄に堕《お》ちたのは、やはり、「思想において間違いがあった」ということだと考えられます。

『日米安保クライシス』を読めば分かるように、当会の幹部が何人も出てきて、かなり長く彼と対談しているのですが、最終的にはギブアップでした。「もう、どうしようもない」という状態だったのです。

彼は、最後に、「私は、床《とこ》ずれがして本当に腰《こし》が痛いんだよ。こんなに長く呼ばれて……」と言っています。「入院中で、まだ病院にいるのに、突如《とつじょ》、呼び出された」と思っていたようです。

そして、当会の幹部たちには、「君たちは精神病院から来たのか」というような感じで接し、「宗教を信じている人のほうが精神病院から来たのであり、私は、体が悪いので、今、病院で治しているところなのだ」と言っていました。

あの世についての知識が全然ないので、自分の現状が分からないのです。多少、儒教《じゅきょう》の思想を学んだのでしょうが、儒教は、あの世のことを説いていないので、結局、分からなかったわけです。

私も、霊言《れいげん》の終了後《しゅうりょうご》、「はい、丸山さん、ありがとうございました。もう、どうにもなりません。どうしようもありません」と言って、匙《さじ》を投げています。こういう人が救われるのは〝最後の最後〟になると思われ、時間の無駄《むだ》になるので、あきらめました。

ところが、左寄りの政治家が、バイブル代わりに、この丸山眞男の著作を読んでいたりします。

また、彼の影響下《えいきょうか》にある左翼《さよく》として、朝日・岩波系の人たちがいますし、それ以外に、毎日新聞や東京新聞も、その系列にあります。新聞の論説委員なども、「書くことがなくなったときに、丸山眞男の本をパラパラとめくっていると、批判すべきことが出てきて、書く内容を思いつく」とよく言っているのです。

したがって、世論《せろん》を動かしているものが必ずしも正しいかどうかは分からないのです。

その人の基本的な思想や人間性が「魂《たましい》のレベル」を決める

一方、岸信介《きしのぶすけ》の霊のほうは、同じく秀才《しゅうさい》ですが、自分があの世の存在であることをきちんと自覚していますし、自分がいる所も理解しています。また、現在は時代が進んでいることも、しっかりと理解しており、幸福の科学の活動まで知っているのです。

『日米安保クライシス』の百五十ページで、彼は、「『宗教ごときが、政治に口を出してけしからん』という批判もあろうけれども、いや、本物の宗教だったら、今の政治状況《じょうきょう》に口を出すのが当たり前だと私は思うな。日蓮《にちれん》だって、蒙古《もうこ》が攻《せ》めてきたときには口出ししとるだろう。当たり前だよ。『国が滅《ほろ》びるか、国民の苦難を招くか』という状況にあって、宗教家が政治に意見を言わないなんてありえないよ。火あぶりになってでも意見を言うのが、宗教家の仕事だと思うな」と言っています。

また、百五十一ページでは、「そういう意味で、あなたがたは『幸福維新《いしん》』と言っているけれども、それは本腰を入れなければいけないんじゃないかねえ。うーん、いや、でも、今、救世主として、正しく、その仕事をしているんじゃないかな」と言ってくれています。

両者の認識の差は、これほど大きいのです。

丸山眞男は、東大法学部を代表するような秀才でしょうし、ものすごい速さで助教授になりました。三十歳《さい》で助教授になり、三十六歳で教授になっていますが、猛《もう》スピードで上がっていった秀才です。一方、岸信介のほうも、東大時代には、のちの民法学者の我妻栄《わがつまさかえ》とトップを争っていた大秀才です。

一般《いっぱん》に、教育をしている者や教育を受けている者は、「勉強のよくできる人は、リーダーとしても立派であってほしい」と願うものですが、現実には、「学校での成績」と「その魂《たましい》の高下、すなわち、魂のレベルが高いか低いかということ」とは一致《いっち》しないのです。

『日米安保クライシス』は、そのことを明らかに示している一書です。

「学校での成績がよければ光の天使であり、悪ければ光の天使ではない」ということはなく、その人の基本的な思想や考え方、人間性が非常に大きく関係するのです。

人格に問題があれば、よい仕事をしても天上界《てんじょうかい》には還《かえ》れない

戦後の日本の政治家のうち、もう一人の代表選手として吉田茂《よしだしげる》がいます。『マッ

カーサー　戦後65年目の証言』（幸福の科学出版刊）には、吉田茂の霊言《れいげん》も収録されています。

吉田茂は日米同盟を結んだ人ではあるのですが、同書を読めば分かるとおり、この人も自分が死んでいることを自覚していないので、非常に残念です。この人も秀才であったことは間違いないでしょう。東大法学部を出て外交官をしていた人で、戦後は首相になりました。

吉田茂は、「吉田学校」と言われたほど、のちに首相となるような政治家を数多く育てたので、私は、「この人は、さすがに、そこそこ実力があった人だ」と思っていました。そのため、死後、地獄にいることを、最初は、なかなか認めたくありませんでした。

しかし、何度チェックしても、やはりそうなのです。本人を呼び出し、霊言をさせたら、そのとおりでした。いまだに大磯《おおいそ》の別邸《べってい》に住んでいるつもりでいて、死んだ時点で時間が止まっているのです。

こういう人の場合には、もちろん、あの世の思想を十分に理解していなかったことが、原因の一つとしてあるでしょうが、もう一つ、おそらく人格的な問題もあったのではないかと思います。政治家としては、よい仕事をしたのですが、人間として人格的に問題があったのではないでしょうか。

勝海舟《かつかいしゅう》が、初期の霊言のなかで、「まず、『心が清らかかどうか。天上界的《てんじょうかいてき》な心を持っているかどうか』という判定が第一段階にあり、その次に、『この世でした仕事が、善なるものであったか、悪なるものであったか』という判定が二段階目にある」というようなことを言っていましたが、どうやら、本当にそういうところはあるようです（『坂本龍馬・勝海舟の霊言』〔幸福の科学出版刊〕第2章参照）。

仕事としてはよくても、そのもとにある人間性、つまり「心」のところが駄目だと、やはり、天上界には還《かえ》れないようです。

『日米安保クライシス』は政治と宗教の接点にある本

丸山眞男と岸信介は非常に対照的な二人でした。『日米安保クライシス』は、ある意味でショックですが、歴史的な本だと思います。

また、『マッカーサー 戦後65年目の証言』は、日本を占領《せんりょう》した連合軍の最高司令官であるダグラス・マッカーサーと吉田茂、それから、マッカーサーが戦った相手である山本五十六《やまもといそろく》等の霊言で一書を編《あ》んでいます。

今、日米戦争や戦後のスタート点について、「何が正しかったのか」ということの検証に入っているのです。

個人のレベルの問題も数多くありますが、悔《くや》しいけれども、マッカーサーのように、この世での勝利が、あの世での勝利と同じになったケースも多いようです。

ただ、今、教育学の世界でも、マスコミ界でも、世間の一般常識でも、『日米安保クライシス』で丸山眞男が言っていることのほうを、どちらかというと、常識のように考えている人が多いと思うのです。

これを引っ繰《く》り返そうとして、今、幸福の科学は活動しているわけですが、残念ながら、まだ、向こうのほうが数が多く、引っ繰り返せないでいるのが現状です。幸福の科学は、宗教活動としての伝道活動をしていますし、各種の出版活動もしていますし、テレビやラジオ等で番組を放映してもいます。また、教育事業にも進出して、教育のレベルからきちんと信仰《しんこう》を入れようとしています。

さらに、政治活動等でも幅広《はばひろ》く活動しています。一般に宗教には関心を示さないような人であっても、政治には関心を示すことがあるため、政治の面で啓蒙《けいもう》活動を行い、真理に気づいてもらおうとしています。

今、幸福実現党の知名度はかなり上がってきているので、政治を入り口として、当会の思想に接することもあると思うのです。

結局、この『日米安保クライシス』は、政治と宗教の接点にあるような本です。そういうことが言えるでしょう。

4「最後の冷戦」を終わらせるために

国家の指導者は情緒的《じょうちょてき》な判断ばかりしてはならない

前首相の鳩山由起夫《はとやまゆきお》氏は悪人ではありませんが、彼には、戦後教育の影響《えいきょう》により、「戦争イコール悪」という見方で思考が停止している部分はかなりあります。彼が首相だったときには、連立政権の〝尻尾《しっぽ》〟である社民党に、〝頭〟である民主党が引きずり回されているようなところもあったと思います。

しかし、中国の軍事拡大など、現実にあるものをリアリスティックに考えなくてはいけない面もあるのです。例えば、二〇一〇年三月には、北朝鮮《きたちょうせん》の潜水艦《せんすいかん》から発射された魚雷《ぎょらい》で、韓国《かんこく》の哨戒艦《しょうかいかん》が沈《しず》められたため、ものすごく揉《も》めましたし、韓国の報復によって戦争が始まる可能性もありました（同年十一月には、北朝鮮によいる延坪島《ヨンピョンド》砲撃事件も起きた)。したがって、「米軍基地は要《い》らない」などと言っているることの虚《むな》しさを知らなくてはなりません。そういう「机上《きじょう》の空論」の平和論は通じないのです。

魚雷を撃《う》って敵国の船を沈める国が、今、現にあるわけです。ミサイルも撃てば魚雷も撃つ国が現にあり、魚雷を撃ちながら、「自分たちは、やっていない」と平気で言える国があるのです。

これは、どこかの国が、毒入りギョーザを日本に輸出しても、「日本で毒を入れたのだ」と言い張っていたことと似ています。日本で毒を入れるはずはないのですが、その国は、「日本で毒を入れたのだ。日本は悪い国だから、日本がやったのだ。わが国で毒を入れるわけがない」と言い張っていました。しかし、一年後には、その国で入れられていたことが、ばれてしまいました。

自分たちがやっていても、「やっていない」と言う国が、今の時代には現実にあるのです。「日本は、そういう国に囲まれているのだ」ということを知らなくてはいけません。

中国の最大の仮想敵国はアメリカかもしれませんが、日本やインド、ロシアも、今、中国の仮想敵国ではあるのです。

その中国を窓口にして六カ国協議を行い、北朝鮮をなだめようとしていますが、中国と北朝鮮は〝グル〟なので、「やっても無駄《むだ》なことを、やっているな」と私は思っています。これは「最後の冷戦」なのです。ソ連や東ヨーロッパでの冷戦は終わったのですが、中国と北朝鮮のところで、東西の冷戦、「共産主義圏《けん》」対「資本主義圏」の戦いの最後の部分がまだ残っています。これを片付ければ、冷戦は終わりません。何とかして、これを片付けなければいけないのです。

中国は、経済だけは開放していますが、政治的には、まだ頑固《がんこ》に一枚岩であり、共産主義体制と一党独裁を守っている全体主義国家です。中国では、毎年、数万件、多いときには十数万件も暴動が起きていますが、それは、中国の国内では、まったく報道されていません。日本で暴動が年に数万件から十数万件も起きたら大変でしょう。しかし、中国のマスコミは、それを一切《いっさい》シャットアウトしています。それは、「言論の自由や信教の自由の全然ない国が、そこにある」ということです。

今、日本には、国防を考えなくてはいけない時期が来ています。こうした状況《じょうきょう》にあって、情緒的《じょうちょてき》な判断ばかりしていては、国家の指導者として十分ではありません。「サンゴを守る」「ジュゴンを守る」などと言っているだけでは、国民を守れないのです。

二〇一〇年一月、当時の鳩山首相は国会で施政《しせい》方針演説を行い、「命を守りたい」と述べましたが、本当に人間の命を守るつもりがあるのでしょうか。そういう意味では問題があります。

「地域主権」では国の大きな問題は乗り切れない

また、「地方分権」「地域主権」という主張がかなり出てきていますが、会社などの「分権」や「分社経営」とは違《ちが》い、国家の場合には、地方分権にすればよいわけではないことが、普天間《ふてんま》基地の問題等で、よく分かったはずです。

この論点は、まだ、誰《だれ》も、はっきりとは指摘《してき》していないと思われます。

地域主権だったならば、普天間基地の問題はどうなるでしょうか。〝沖縄《おきなわ》主権〟で、「沖縄県に主権がある」ということであれば、県レベルで国家間の条約を反故《ほご》にできてしまうのです。

「こういう大きな問題は、やはり、中央集権的な考え方でなければ乗り切れない」ということが、よく分かったと思います。

したがって、安易な地方分権論や地域主権論には乗れません。それは責任の放棄《ほうき》にしかすぎないことが多いのです。結局、「なかなか税金が集まらないので、地方は自分たちで勝手にやってくれ」と言っているにしかすぎません。

これが、もう一つの盲点《もうてん》として、次に出てきます。これを認識しておくことが大事です。

第2章

太平洋戦争の勝敗を分けたもの

原題『マッカーサー 戦後65年目の証言』講義

2010年6月10日
神奈川県・幸福の科学横浜中央支部精舎

1　戦後日本の原点を探《さぐ》る

「何が正しいのか」を探究している幸福の科学

本章では、私の著書『マッカーサー 戦後65年目の証言』の内容に関連して述べていきたいと思います。

私は、現在の政治問題に対して意見を述べるに当たり、自分たちの考えが正しいかどうかについての検証も兼《か》ねて、歴史上のいろいろな人物の霊言《れいげん》を収録し、書籍《しょせき》として刊行しています。

過去にずっと遡《さかのぼ》っていき、先の戦争のころや、戦後について検討に入っていますし、また、それ以前のマルクスまで遡ったり、さらには、近代の思想の源流にまで探《さぐ》りを入れたりしています。

すなわち、アダム・スミスや、ルソー、カントあたりまで探りを入れて、「現代の思想が、どのように流れてきているのか。それは、正しいのか、正しくないのか」ということを、今、探究しているところです（『マルクス・毛沢東のスピリチュアル・メッセージ』『アダム・スミス霊言による「新・国富論」』『霊性と教育』〔いずれも幸福の科学出版刊〕参照）。

特に、最近、沖縄《おきなわ》問題等もいろいろ起こっており、日米関係について改めて考えなければいけない状況ですが、それを考えるに当たっては、先の大戦とその結果、および、その後について、もう一度、洗い直して考えてみないと、「何が正しいのか。真実は何であったのか」ということが分からないのです。

そこで、私たち幸福の科学は、あくまで「科学」的に、価値判断を抜《ぬ》きにして、「現実に、今、当時の指導者たちがどうなっているか」ということを探索してみたわけです。

死後、明暗が分かれた日米の指導者たち

その結果は、もし、当会が右翼《うよく》であったならば、少し悔《くや》しく感じるようなものでした。しかし、当会は、単に悔しく思うだけではなく、事実を客観的に受け入れるだけの包容力を持っています。

マッカーサーは、戦争でも勝ちましたが、あの世に還《かえ》った今も、けっこう立派な感じだったので驚《おどろ》きました。日本の戦後六十五年をつくったマッカーサーは、日本人にとって、〝天から飛行機で降り立った神〟のような存在だったのでしょう。実際に「神格」を持っているようでした。

それに引き換《か》え、その相手役であった吉田茂《よしだしげる》は、残念な状態でした。彼は、戦後政治の大きな流れを決定づけた人であり、戦後の首相のなかでは尊敬もされています。そして、「吉田学校」と呼ばれるように、彼の弟子筋というか、その流れのなかから、池田勇人《いけだはやと》や佐藤栄作《さとうえいさく》など、いろいろな人が出てきたので、政治学的にも

一般的《いっぱんてき》にも「偉《えら》い人だ」と思われています。

私も、昔はそのように思っていたのですが、霊的覚醒《かくせい》以降、「もしかしたら、〝下〟に行っているかもしれない」ということは感じていました。

実際に招霊《しょうれい》してみると、本人は、自分が死んだことも分からず、まだ大磯《おおいそ》の別邸《べってい》に住んでいるつもりでいるようでした。政治学的には「偉い人だ」と理解されていることが多いので、ここまではっきりした結果が出ると、少し悲しいものがあります。

吉田茂は、戦後日本の源流に当たる人であり、自由民主党の源流のような人でもあるので、若干《じゃっかん》、残念な結果ではありました。このあたりについて、「なぜ、そうなったのか」ということも、少し考えてみたいと思っています。

それから、山本五十六《やまもといそろく》大将は、戦争の途中《とちゅう》で亡くなりましたが、私は、「人間的には立派な人だったのだろう」と推定していました。「戦《いくさ》には時の運もあるし、彼が負けたのは、軍人として、もともと敵《かな》わない相手だったからだろう」と思っていたのです。

しかし、この人について、今回初めて追跡《ついせき》調査をしたところ、彼も、ブーゲンビル島に墜落《ついらく》したときのままで時間が止まっていました。これには、さすがに私も少しショックを受けました。

「山本五十六は軍人なので、自分が死んだことぐらいは分かっていて、還るべきところに還っているだろう」と思っていたのですが、「〝上〟にも行かず、〝下〟にも行かず、死んだときのままで六十七年もいた」という事実は、さすがにショックでした。「軍刀の柄《つか》を握《にぎ》ったままの状態でいて、六十七年ぶりに人間と話をした」というのは悲しいことです。

私は、「あの世の時間というのは、あってなきがごとしである」と説いていますが、実際に、霊人の意識として時間が止まっていることがあるのです。時間がゆっくりと流れている場合もあれば、その人の思考が止まっていると、時間が止まっているように見える場合もあります。

例えば、マルクスの場合も、もう百三十年近く、死んだときのままというか、自分が死んだとは思っていない状態が続いています。

山本五十六は、もともと悪人ではないので、今回の霊言をきっかけに気づかれることとは思いますが、日本が負けたことさえ知らなかったというのは、少しショックではありました。

大将がこういう状態だとすると、三百万の英霊《えいれい》は、どうなっていることでしょうか。おそらくは大変でしょう。一般の兵卒《へいそつ》は、自分が死んだことを理解しているかどうか、定かではありません。

さらに、鳩山一郎《はとやまいちろう》のほうは、それほど偉くはなさそうでしたが、地獄《じごく》にはいないらしいということは、感じとして分かりました。そして、どうやら、鳩山由紀夫《ゆきお》氏の後ろで〝家庭教師〟をしていたらしいということも分かりました。

当会は、どちらかと言えば、思想的には自民党の麻生太郎《あそうたろう》氏のほうに近いと見られており、実際に、民主党の鳩山政権を批判していましたが、その〝家庭教師〟である鳩山一郎は、かろうじて天国に入っていたわけです。それに対して、麻生太郎氏の祖父である吉田茂のほうは、実績はありましたが、どうやら迷っているレベルで止まっているらしいという事実が出ています。

そういう意味で、当会は、現実に対してフェアに判断をしていると言えます。

結局、「どのような人が天国へ還り、どのような人が地獄へ行くのか」ということは、非常に難しいテーマです。その基準として、思想・信条の問題があるわけですが、個人としての人格や悟りの問題もありますし、それ以外の要素も加わるのかもしれません。ただ、それを、過去の宗教家で、ここまで細かく探究した例はないのではないかと思われます。

そのあたりの基準については、今後も、きちんと提示していかなければならないと思っています。

2　エリートの違《ちが》いに見る日米の差

先の戦争では日米の「人材登用力」に差があった

今回、「マッカーサーの霊言《れいげん》」を録《と》り、それを活字にしてみて感じたことがあります。

マッカーサーは、アメリカの軍事エリートを養成する、ウェストポイントと呼ばれる陸軍士官学校に、平均点九十三点という記録的な成績で入学した方です。二番で入った人は七十七点ぐらいだったと言われているので、二十点近くも差をつけてトップで入り、在学中の成績も平均点九十八点という高得点を取って首席で卒業しました。

そういう人が戦争の指揮を執《と》り、現実にあれだけ勝ったところを見ると、「アメリカの学校の成績は信用できる」「アメリカの学校で勉強ができた学問的エリートは、実戦においても本当によくできる」ということが分かります。私は、その日米の差に、ショックを感じました。

当時の日本も、やはりエリートをぶつけていたのです。海軍兵学校や陸軍士官学校のトップクラスの人たちが、中将・大将などになって戦っていたわけです。彼らは頭も体も強靱《きょうじん》な人たちであり、日本のトップエリートだったのですが、「エリートの養成の仕方において、アメリカとはかなり差があったのだな」という感じは否《いな》めません。

すでに、戦前の日本では、士官学校等においても、「過去のいろいろな事例を暗記させて、テストする」というような、暗記中心型の勉強にかなり陥《おちい》っていたようです。そして、「卒業年次や卒業時の席次による序列が、一生、付いて回る」という、最近までの日本の役所と同じ形態が、この時代に始まっていたのです。

それ以前、すなわち、日清《にっしん》・日露《にちろ》戦争を戦ったあたりまでは、明治維新《いしん》のときに実戦で戦った人たちが、まだ元勲《げんくん》として残っていたので、戦争をしても負けなかったのですが、第二次大戦のころになると、そういう実際の戦いを経験した人たちがすでにいなくなっていたので、官僚《かんりょう》主義に侵《おか》されてきていたわけです。

そのため、下の年次の人のほうが優秀《ゆうしゅう》だったとしても、上の年次の人が引退するか、死ぬかしないかぎりは、上に上がれないような状況《じょうきょう》であったのです。

ところが、アメリカのほうでは、学問においても、かなり実戦に近い能力が練られていたようですし、わずか四年ぐらいの戦争期間中に、卒業年次や卒業時の席次などにとらわれず、能力のある人をどんどん引き上げて〝ごぼう抜《ぬ》き〟で出世させ、指揮官に採用しているのです。

そのように、日米には、人材登用力の差があったということです。

実は、日本でも、卒業年次にこだわらなければ、下の年次に優秀な人がいたのですが、残念なことに、そういう人材を生かせなかった例が幾《いく》つかあります。上の年次の人が戦死すれば大将などになれたのですが、戦死してくれないために上に上がれずにいたケースがあったのです。そのあたりの人材登用力において差があったと言えます。

また、アメリカの場合は、軍人で優秀だった人は、のちに大統領になることがよくありました。要するに、軍人になる人には総合力がそうとうあったわけです。マッカーサー自身も、学問がよくできるだけではなく、実は幅広《はばひろ》い教養を持った人でした。このようにアメリカでは、「戦争で勝った司令官などは、大統領になる資格を持っている」と考えられているのです。

ちなみに、戦争中のアメリカの大統領は、フランクリン・ルーズベルトと、一九四五年にルーズベルトが亡くなったあとはトルーマンでしたが、二人とも民主党の大統領でした。

一方、マッカーサーは共和党系だったため、大統領にやや嫌《きら》われた面もあったようです。彼は、一九五〇年に始まった朝鮮《ちょうせん》戦争で、強硬《きょうこう》策をかなり進言した結果、トルーマンに解任されてしまいます。ただ、彼は大統領を狙《ねら》えるぐらいの人ではあったのです。

第二次大戦においては、そういう人が実際に戦争の指揮も執っていたわけなので、まさに、「日米のエリートの差がはっきり出た」という感じがしています。

マッカーサーも認めた「日本軍の強さ」

歴史的には、一般《いっぱん》に、「開戦当時、アメリカの工業力は、日本の工業力の十倍はあった」と言われていましたし、山本五十六《やまもといそろく》も、戦前、アメリカに留学していた経験から、「長期戦になれば日本は負けるので、短期戦しかない」ということを最初から言っていました。

日露戦争では、本当は日本はもう戦い続ける力がなかったのに、セオドア・ルーズベルト大統領が仲介《ちゅうかい》してくれて、「判定勝ち」のような勝ち方をしましたが、山本五十六は、それと同じように、「最初だけ大きく勝って、どこかで講和に持ち込んで終わりにしよう」と考えていたようです。

つまり、本格的な戦闘《せんとう》になったら負けることが分かっていたので、彼は、最初に、電撃《でんげき》戦や奇襲《きしゅう》戦をたくさん仕掛《しか》けたわけです。その結果、最初の一年ぐらいの間、日本軍は非常に強く、連戦戦勝でした。

特に、ヨーロッパの国々には全部勝ちましたし、アメリカも、マッカーサー自身、フィリピンからオーストラリアまで命からがら逃《に》げたぐらいです。日本であれば、司令官が逃げるというのは、普通《ふつう》は恥《は》ずかしいことです。

その当時、司令官は潜水艦《せんすいかん》で逃げなければいけないことになっていたのですが、彼は、潜水艦ではなく、ＰＴボートという高速魚雷艇《ぎょらいてい》に乗って逃げました。そのくらい切羽《せっぱ》詰まっていて、もし潜水艦だったら沈《しず》められていた可能性が高かったらしいのです。

実際、同書のなかで、マッカーサーの霊は、「日本は、とても強かった」ということを言っています。

いまだに、「アメリカは、ハワイのパールハーバーへの奇襲を最初から知っていて、日本を罠《わな》にかけたのだ。日本軍の暗号は解読されていたので、ルーズベルト大統領は、アメリカを参戦させるために、あえて攻撃させたのだ」という説が、非常に根強くありますし、そうかもしれないとは思います。

しかし、真珠湾《しんじゅわん》攻撃では、アリゾナ以下の戦艦が沈み、三千人ぐらいが死亡していますす。実際に、それだけの被害《ひがい》が出ていることと、その後、一年以上、連戦連敗で負け続けていることを見れば、「アメリカに戦争の準備ができていたとは言えない。先に準備ができていた日本軍は決して弱くはなかった」ということです。そのように、マッカーサーの霊は認めています。

戦後日本の政治指導者に欠けていたのは「先見力」

それから、戦争に負けたあとの東京裁判の結果、日本に「自虐史観《じぎゃくしかん》」が生まれ、現在もそれに縛《しば》られているということについて、マッカーサーの霊を追及《ついきゅう》してみたところ、「そうは言っても、六十五年もたったら、それは日本人自身の責任ではないか」と彼は言っていました。

「戦争直後の統治については、自分たちにも責任があるかもしれないが、戦争が終わってから生まれた人も、すでに六十五歳《さい》になっている。そのような段階で、まだ、『マッカーサーの意向が、どうだった』などと言うのはおかしい。自虐史観を変えられないのは、やはり日本人自身の問題でないか」と、上手にさらっと逃げています。それは、ある意味では正しいでしょう。

その後、朝鮮戦争が始まって、マッカーサーは強硬策を説いたために解任されました。そして、講和条約締結《ていけつ》のためにダレス特使が日本に来ましたが、マッカーサーもダレスも、戦後につくったばかりの日本国憲法を早急に改正するように主張しています。

その二人の進言をきかなかったのが吉田茂《よしだしげる》です。彼は、「平和憲法ができたことによって、軍事に費用をかけることなく、戦後の経済復興に力を入れられる。軍事のほうはアメリカにやらせておけばよい」と、うまく逆手《ぎゃくて》にとったわけです。要するに、アメリカのほうから「憲法改正をせよ」と言ってきたのに、それを受けなかったのです。

このあたりの判断も、戦後に強い影響《えいきょう》を与《あた》えています。憲法を変えるチャンスはあったのに、その後の見通しが利《き》いていなかったということでしょう。

当時は、国民のほとんども、「戦争は、もう結構だ」という意識であったことは事実でしょうし、「近隣《きんりん》諸国から軍事的脅威《きょうい》が迫《せま》ってくる」というようなことは、予想もしていなかっただろうと思います。

その意味では、政治的指導者に先見力がやや欠けていたのではないかと感じます。

実際、「優秀な人は、みな、戦争で死んでしまった」という話もあります。私は、池田勇人《いけだはやと》、下村治《しもむらおさむ》、高橋亀吉《たかはしかめきち》、佐藤栄作《さとうえいさく》の四人の霊言を録り、『新・高度成長戦略』（幸福の科学出版刊）というタイトルで発刊していますが、そのなかで、池田勇人の霊は、「一流の人は、みな死んでいて、生き残ったのは、もう三流の重役と三流の政治家ばかりです。それで、自分もそこそこやれたのです」と、やや自嘲《じちょう》気味に言っていました。

確かに、そういう面はあったかもしれません。そのため、「将来の日本の設計」ということまで頭が回っていなかったのは事実でしょう。

マッカーサー自身は、「ファシズム（ドイツ・イタリア・日本）との戦い」が終わったあと、次に、「共産主義との戦い」に入ったことを明確に認識していて、日本を共産主義への防波堤《ぼうはてい》に変えたかったのですが、日本では、戦後、共産主義が非常に流行《はや》っていたこともあり、そういう考えにはなかなか乗らなかったのです。

神と悪魔《あくま》が交錯《こうさく》していた第二次世界大戦

アメリカのほうでは、戦後しばらくして、マッカーシー上院議員を中心に、「マッカーシズム」と呼ばれる「赤狩《あかが》り」が始まり、共産主義のスパイ、ソ連のスパイと認定した人を数多くパージ（追放）し始めました。これによって、議会や、その他、いろいろな分野にいる左寄りの人たちが追放されていき、共産主義との戦いになるわけです。

そのように、戦後、ソ連や中国が共産主義の大国になるのであれば、先の大戦はやや交錯《こうさく》した戦いだったのではないかと思います。アメリカは、先の大戦では、ソ連と組んだり中国を助けたりしましたが、その後、それらの国が敵になったわけなので、このあたりにはやや交錯した面があるように思われます。

そういう意味では、チャーチルがやったことも、よかったのか悪かったのか、分からないところがあります。

チャーチルも当会の指導霊として出ているので（『民主党亡国論』〔幸福の科学出版刊〕参照）、あまり悪くは言えませんが、当時、ヒトラーのドイツが非常に強く、イギリスは滅《ほろ》びかかっており、陥落《かんらく》寸前まで行っていたため、彼は、「ソ連のスターリンが悪魔《あくま》だということは確信しているが、悪魔と手を組んででも国を守らなければいけない」と言いました。

要するに、ソ連をけしかけてドイツと戦わせ、さらにアメリカ軍も参戦させることによって、イギリスの敗戦を寸前のところで何とか食い止めたのです。

それも、しかたがなかった面はあったと思いますが、先の戦争を「神と悪魔の戦い」と言うには、少し交錯していた面があります。やはり、これは人間界側の問題でしょう。

ただ、救いは、昭和天皇が天上界《てんじょうかい》の「高天原《たかまがはら》」に還《かえ》っておられることです。つまり、「日本は完全な悪ではなかった」ということです。

確かに、戦争の指揮者であった山本五十六は、地獄ではないにせよ、天国に還っていないのは確実ですし、以前に調べたところでは、東條英機《とうじょうひでき》は地獄に堕《お》ちています。

しかし、東條英機の霊は、「自分自身は、もともと八百万《やおよろず》の神々の一柱《いっちゅう》だった」と言っていました。やはり、戦争で死んでいった人々の恨《うら》みがものすごくあることに対して、責任を取らされているのでしょう。

その意味で、戦争というのは、新しい英雄《えいゆう》を生むこともありますが、その反面、不幸な人や地獄霊をたくさん生んだり、悪魔を生んだりすることもあります。したがって、避《さ》けることができるなら、上手に避けたほうがよいと思います。戦う場合には、勝つにしても負けるにしても、よく考えてやらないと、あとで大変なことになるのです。

今、日本に必要なのは「世界レベルのリーダー」の養成

日本の場合、「日露戦争に勝ったことが、敗戦のもとになった」と言えば、そうかもしれないと思います。

日露戦争当時、日本とロシアには十倍ぐらいの国力の差があったと言われています。そのロシアに勝ってしまったのは、日本にとって、よいことでもありましたが、次の敗北の導火線にもなったところがあります。やはり、まぐれ勝ちというのは、あまり続かないほうがよいのかもしれません。それで、第二次大戦ではアメリカに負けたわけです。

ただ、戦後六十五年を振《ふ》り返ってみると、カメハメハ大王のハワイではありませんが、日本もアメリカに占領《せんりょう》され、アメリカ化して、よくなった面はかなりあったのではないかと思います。

当時、日本の指導者のみならず、日本の霊界の神々も、日米の文明落差を十分に認識しておらず、「日本神道《しんとう》は世界宗教になれる」と思っていた節《ふし》がかなりあります。それで、実際に戦ってみて、文明に落差のあることが分かったわけです。日本は、明治維新に成功し、日清戦争、日露戦争、第一次大戦と、すべて勝つ側に回ってきていたので、かなり慢心《まんしん》していたのではないかと思います。

先の戦争に負けてから六十五年たっても、いまだにアメリカに勝てないでいるところを見ると、やはり、力の差はかなりあったと言わざるをえません。

特に、今、われわれ日本人がアメリカから学ぶべきことは、指導者養成のところです。ここを、しっかりと学んでおかなければいけないのです。

同書のなかでマッカーサーの霊も、「日本には、意思決定のできる人がいない」

ということを言っていますが、それは、今の政治の問題そのものでもあります。鳩《はと》山《やま》元首相の沖縄《おきなわ》問題等への対応を見てもそうでしたが、「意思決定のできる人がいない。誰《だれ》と交渉《こうしょう》したらよいのか分からない」という状態がずっと続いているのです。

その意味において、日本は、真のリーダーをつくることに成功していないと言えます。本当の意味でのリーダーというのは、かなり大変なものなので、「世界レベルのリーダー」をつくれるように、もっともっと努力しなければならないと思います。

日本人は、いまだに島国根性が抜けず、「日本一国だけが平和であればよい」「他の国の問題にはかかわらずに、日本だけがうまくいけばよい」というような意識が非常に強いのです。

したがって、もう一段、世界レベルで責任を持てるようなリーダーをつくらなければいけません。そういうリーダーに対して、それだけの負荷をかけて教育し、育てていかなければ、また同じことが起きてしまいます。

今の日本の政治を見ても、やはりリーダーが駄目《だめ》だと思います。アメリカなどからは、相変わらず、「日本の政治は三流だ」と言われており、ややつらいものがあります。日本人から見ると二流ですが、アメリカから見ると三流なのでしょう。アメリカ人から見ると一つぐらいランクが違うようですが、日本人から見ても二流のリーダーしか持ちえていないという悲しさはあります。

やはり、国のリーダーというのは、力を入れて養成していかなければ駄目だということです。

「学問の実用性」に対する日米の考え方の違《ちが》い

日本に一流のリーダーがいない理由の一つは、「日本の大学では、社会に出てからあまり役に立たない学問をやっていることが多い」ということです。一方、アメリカの大学では、民間企業《きぎょう》と行き来できるレベルの人が学者をしていることが多いのです。

さらに、アメリカでは、銀行の頭取《とうどり》が政府の経済関係の長官になったり、また銀行に戻《もど》ったりするようなことを平気でできるわけですが、日本では、まずできません。日本の銀行の頭取には財務大臣はできませんし、反対に、財務大臣には銀行の頭取はできません。そういうレベルです。おそらく、日銀の総裁であっても、ユニクロの社長はおろか、どこの会社の社長もできないだろうと推定されます。

そういうレベルで済んでいるところが、日本の甘《あま》さなのです。

その違《ちが》いは何かというと、アメリカでは、実業の精神がわりに強く、学問的によくできる人も尊敬しますが、事業で成功したり、お金儲《かねもう》けをしたりするような人も非常に尊敬する気風があるということです。それに対して、日本の場合には、両者が少し分かれているところがあるのです。

要するに、日本では、「勉強のできる人は、お金が儲からないものであり、反対に、勉強ができなかった人は、お金儲けに励《はげ》むしかないので、そちらの方面で成り上がっている。そのように、両者は水と油のように相容《あいい》れないものだ」と思っているわけです。このあたりが、日米の違いでしょう。

実際、日本の大学の先生がたには、学問に実用性がないことに対して、むしろ誇《ほこ》りを持っているようなところがあります。

これは嘘《うそ》ではありません。私は、東大の授業で、経済学部の教授が、「東大経済学部の教授で、企業の経営ができる人など一人もいません」などと、自信を持って偉《えら》そうに言っているのを聴《き》いたことがあります。

そのような教授に教わり、その科目で「A」あるいは「優」を取った人は、いったいどうなるのでしょうか。そういう人たちが、国家経営などに携《たずさ》わり、国を目茶苦茶にしているわけです。

実際に経営ができないような人に教わり、よい評価をもらっても駄目なのです。そういう〝天才〟が数多くいたとしても、経営ができない先生に教わり、よい成績をつけてもらったのであれば、それはやはり「できない人」でしょう。その授業を丸暗記して答案を書いていたら、おそらく、そうなるはずです。

逆に、そういう先生について、「おかしいな」と思った人のほうが、本当は優秀な人なのです。ただ、先生に疑いを持った人は点数を引かれてしまい、なかなかよい成績をつけてもらえないわけです。

一方、アメリカの大学では、授業でディベートをしたり、先生に質問をどんどんぶつけたりするようなところがありますし、企画力や創造力などをかなり重視するので、日本とは学問の傾向《けいこう》がやや違います。日本では、明治以降、「横文字を縦に直すだけ」の仕事で、けっこうご飯を食べられた時代が長かったため、その分、遅《おく》れているのではないかという感じがします。このあたりは反省しなければいけないところです。

特に、「優秀だ」と言われた人ほど、あとで無能化していく傾向があります。大企業や役所等の大きな組織に入って、長く順繰《じゅんぐ》り人事をやっていると、だんだん無能化してきて、何も判断できなくなっていくことが多いのです。

したがって、今後、日本が国力を上げていくためには、企業家精神を持ち、責任を持って意思決定あるいは決断をし、責任を持ってそれを実行して、国民を引っ張っていくような、そういうリーダーをつくらなければいけません。

トップに「勇気」が足りなかった日本軍

特に、リーダーには「勇気」が必要です。マッカーサーが神格化された理由の一つに、神奈川《かながわ》県の厚木飛行場で飛行機から降りてくるときに、彼がパイプをくゆらせ、将軍帽《ぼう》をかぶって、悠然《ゆうぜん》と出てきたことがあります。

本当は、怖《こわ》くて、足がガクガク震《ふる》えていたらしいのです。普通、敵将がタラップを降りてくるところを狙わないはずはないので、それは当然でしょう。どこかに伏《ふく》兵《へい》がいて撃《う》たれることは十分に予想されたため、本当は足がブルブル震えていたのです。

しかし、彼は、「いかに悠然と、立派そうに降りてくるか」という自分の姿を想像し、俳優風に演技をして、さらに、それを写真に撮《と》らせて世界に配信するということを、意図して行いました。そのあたりに違いがあったわけです。

昭和天皇と並んで写真を撮ったときも、天皇陛下がしょんぼりと肩《かた》をすぼめて、お裁きを受けるような感じで写っているため、あれ一枚で「日本は負けた」ということがはっきりと分かるほどの衝撃的《しょうげきてき》な写真でした。マッカーサーには、そういう映像の視覚効果というものを十分に知っていたところがあります。

いずれにせよ、飛行機から堂々と降りてくる場面を写真で見て、みな、「マッカーサーには勇気がある」と認めたのです。普通は、怖くて、なかなか出て行けるものではないからです。

また、同書には、「日本には三百万人の陸軍が残っていた」と書いてあります。二百万人と書かれている本もあるのですが、仮に二百万人だったとしても、それだけの陸軍が残っていたら大変です。イラク軍やアルカイダなど、ものの数ではありません。二百万人の陸軍がいるところへ降りていくのは、やはり怖いでしょう。マッカーサーのほうは戦力が明らかに少ないので、もし二百万人が突撃《とつげき》してきたら大変なことになります。日本は「侍《さむらい》の国」なので、本当は怖かったことだろうと思います。

そういう歴史を見ると、やはり、日米のエリートに差があったという面は否《いな》めないし、当時の日本の軍人のトップには、勇気が足りなかったところがかなりあると思うのです。

例えば、日本は、南雲《なぐも》中将を用いてパールハーバーの奇襲攻撃を行いましたが、現場では、「追加攻撃として、第二次攻撃、第三次攻撃と、続けて行うべきだ」と主張していたのに、彼は、「ある程度の戦果をあげたし、すぐにアメリカ側からの反撃が来るはずだ」ということで、自分たちのほうがあまり被害を受けないうちに逃げて帰ってしまいました。そういうところに勇気のなさを感じます。

確かに、戦艦を沈めるなどして戦果はあげましたが、空母を取り逃がしています。パールハーバーには空母がいなかったので、やはり、近くにいたはずの空母を探すべきだったでしょう。

3　日本の軍事思想の欠陥《けっかん》

日本には伝統的に「兵站軽視《へいたんけいし》」の傾向《けいこう》がある

さらに、真珠湾攻撃《しんじゅわんこうげき》では、燃料基地の石油タンク等も、一切《いっさい》、攻撃していません。これは、兵法的にはかなり甘《あま》いと思います。

燃料タンクに爆弾《ばくだん》を落とさなければ、向こうは、すぐに新たな艦船《かんせん》を回してきて、また戦える態勢に持っていくことができるのです。しかし、艦船などの兵器だけを攻撃し、燃料タンクなどの補給の部分をまったく攻撃していないので、これはやはり、軍事思想において欠陥《けっかん》があったことは明らかです。

日本は、歴史的に見て、昔から兵站《へいたん》思想が弱いのです。兵站というのは、要するに、食料や武器、弾薬《だんやく》等、戦いを続けるために後方から支援《しえん》し供給するもののことです。弾《たま》がなくなったら撃《う》てなくなりますし、水や食料がなくなっても戦えなくなります。こういう兵站の部分を軽んじる傾向《けいこう》が、日本にはずっと昔からあるのです。

例えば、日本軍が戦争中に勉強していた兵法は、義経《よしつね》の「鵯越《ひよどりごえ》のさか落とし」をはじめとする奇襲《きしゅう》攻撃、すなわち電撃《でんげき》戦で勝つようなことばかりでした。信長《のぶなが》の「桶狭間《おけはざま》の奇襲」もそうです。本当は、十倍の敵に勝てるはずがないのですが、雨が降ったため、今川軍が休んで弁当を食べているところへ奇襲をかけて勝ったわけです。

日本軍は、そのような過去の事例ばかりをテキストで勉強していました。「本来ならば勝てない戦いに、たまたま勝った」という戦いの事例を集めて一生懸命《いっしょうけんめい》に学んでいたので、「正攻法で戦って勝つ」という戦い方についての教育が甘かったのです。

特に、補給に対する考えが甘いと言えます。日本軍は、敵側の石油備蓄《びちく》タンクなどを攻撃しませんでしたが、アメリカ軍のほうは、南方戦線での戦いの際に、日本の軍事基地を攻撃する前に、まずタンカーのほうを攻《せ》めています。つまり、日本に食料や油などの物資を送る船を潜水艦《せんすいかん》で沈《しず》めているのです。「兵站部門を締《し》めてしまえば、兵隊は戦えなくなる」ということを、アメリカのほうは知っていたわけです。

その結果、日本兵は、戦いに負けて降伏《こうふく》したときには、みな、食料がなくて、あばら骨が出るほどガリガリに痩《や》せ細った姿で出てきています。

そのように、日本には兵站を軽視する傾向があるのです。過去に学ぶことは大事ですが、そういう奇跡的《きせきてき》な勝ち方をしたものばかりを学んでは駄目《だめ》なのです。

また、インドのイギリス軍を攻めるときに、インパール作戦というものを行いました。これは、五万人（後方支援を加えると総計八万五千人）ぐらいの軍隊で、アラカン山脈を越《こ》え、敵の背後から攻めるというものです。

物資の輸送が十分にできない山のルートだったので、現場の叩《たた》き上《あ》げの人たちは、「この作戦は無理だ」と言ったのですが、秀才《しゅうさい》の司令官や参謀《さんぼう》たちは、「いや、やってやれないことはない」と言って、机上《きじょう》の空論で計画を立てたのです。しかし、結局、失敗しました。

彼らは、「牛に食料等を載せて、川を渡《わた》らせ、山を越えさせて行けば、それで輸送部隊はできる。そして、目的地に着いたら、その牛を順番に食べていけばよい」というような、自画自賛の作戦を立てたのですが、途中で、牛が崖《がけ》から落ちたり、川で流されたりして、さんざんな状況《じょうきょう》になり、全員、食料不足で苦しんだのです。

それから、弾もなくなりました。そのため、生き延びたのは、イギリス軍の武器・弾薬を略奪《りゃくだつ》し、全部、イギリス式の武器に取り替《か》えて戦った部隊だけでした。

そのように、日本は、補給の考え方のところが徹底的《てっていてき》に弱く、この点において、アメリカとの差が明らかにあります。この部分は日本の弱いところなので、よく勉強しておかなければいけません。

日本には、伝統的に、「精神論には非常にこだわるが、補給や継戦《けいせん》能力のところを軽視し、『奇襲や奇策を用いれば勝てる』と考える傾向」が、非常に強くあるのです。それは、勝ったときの事例ばかりを勉強し、負けた事例の研究が十分にできていない証拠《しょうこ》です。

「物量作戦」だけでなく、「将軍の力の差」で負けた日本

一方、アメリカ軍には、負けたらすぐに考えを改め、作戦を立て直してくるような面がとても強く、発想が次から次へと出てくるようなところがありました。

一般的《いっぱんてき》に、「日本はアメリカの物量作戦に負けた」と言われていますが、本当は、それだけではなく、やはり、将軍の力の差によって負けたのです。

日本軍は南方戦線に兵力を分散し、なかなか補給がつかないようになっていました。しかも、前述のとおり、補給用のタンカー等を攻撃されて沈められていたのです。

そのため、それぞれの島が、バラバラになって孤立《こりつ》しているような状況だったのですが、日本軍は、すべての島が惜《お》しくて守っていたわけです。

しかし、彼らは、まさか、アメリカ軍が、「蛙《かえる》飛び作戦」「飛び石作戦」で来るとは思っていませんでした。すなわち、アメリカ軍は、「全部の島を一つ一つ落とす必要などない。サイパン等を抑《おさ》えてしまえば、東京をはじめ、日本本土を直接空襲できる」ということで、途中《とちゅう》の島をすっ飛ばして攻めてきたのです。これでは、どうしようもありません。アメリカ軍がそういう作戦をとってくるなどとは、夢にも思わなかったのです。

いちばんの衝撃《しょうげき》は、最初の日本本土空襲でした（一九四二年四月十八日）。それは、「空母から飛び立ったB－25が、東京などを爆撃して、そのまま日本を飛び越し、中国に着陸する」という片道の攻撃スタイルをとったものでしたが、大本営《だいほんえい》にとっては、この衝撃がいちばん大きかったようです。

最初、山本五十六《やまもといそろく》がハワイを攻撃したときに、航空母艦決戦というスタイルをつくり、「空母から発進した飛行機で戦艦を沈めてしまう」という作戦をとったわけですが、これは史上初の画期的な発明だったのです。

ところが、日本には、その意味がよく分かっていなかったようです。逆に、その重要性に気づいたアメリカがそれをやり始めたため、お株を取られてしまいました。アメリカは、「なるほど、そういう戦い方があるのか。飛行機で戦艦を沈められるとは思わなかった」と驚《おどろ》いたわけです。

ハワイのみならず、アジアのほうでも、イギリスの不沈戦艦プリンス・オブ・ウエールズ、レパルスの二隻《せき》が、日本の航空機によって沈められています。チャーチルはその報告を聞いて、「まさか不沈戦艦が沈むとは」と、立ち上がれないぐらいのショックを受けたそうです。

それで、アメリカは、ゼロ戦の欠点を研究して、飛行機に改造に改造を加えていきました。さらに、世界一強かったゼロ戦に対して、「三対一で戦えば勝てる」という「ランチェスター法則」というものを編《あ》み出しました。つまり、アメリカの工業力にものを言わせて飛行機を増産し、「三機で一機を攻めれば、絶対に撃ち落とせる」というスタイルをとったのです。

日本は「情報戦」でも敗れていた

さらに、山本五十六長官は、乗っていた飛行機が撃墜《げきつい》され、戦死します。彼は、南方戦線を励《はげ》ますために、ラバウルから小さな島々へ行こうとしたのですが、実は、その日程を知らせる暗号は解読されていました。本人も、霊言《れいげん》のなかで、「暗号を解読されていたのかな」と言っていますが、バラレ島とか、ショートランド島とか、こういう島々に視察に行く予定だったところ、アメリカはその暗号を読んでいたのです。

そして、「敵の山本五十六長官が飛行機で飛んでくるけれども、これを撃墜してよいかどうか」について、実はルーズベルト大統領のところまで伺《うかが》いが上がっていました。つまり、過去の戦史を調べてみると、敵将を個人攻撃して倒《たお》したことがなかったため、実行してよいかどうかの判断に迷い、大統領決裁を仰《あお》いだわけです。

それで、ルーズベルト大統領から「ＧＯ！」の返事をもらい、山本五十六が飛んでくるのを待ち構え、目的地手前のブーゲンビル島上空で撃墜しました（今回、アルカイダの首領、オサマ・ビン・ラディンを米軍が奇襲殺害する場合に、前例とされた）。その日は日曜日でしたが、アメリカ側は、暗号を解読していることがバレては困るので、毎週日曜日に、同じように編隊を組んで飛ぶまねまでしています。そうして、暗号を解読したのではなく、たまたま山本機と遭遇《そうぐう》したように見せていました。

このように、アメリカは、暗号を解読していることを日本に知られないようにしていたので、日本は情報戦でも敗れていたということです。これは本当に気の毒です。

ハワイの真珠湾攻撃でも、最終的なところまで攻め切れなかった面がありますし、そのあとのミッドウェー海戦でも、軍艦等の兵力は日本のほうが二倍以上あったと言われています。航空母艦や戦艦など、二倍以上の兵力があったのに敗れているということは、明らかに「将の差」です。

要するに、突《つ》っ込《こ》んでいく力が弱かったのです。このとき、戦艦大和《やまと》などは五百キロも後ろから空母部隊を追いかけていたので、まったく役に立ちませんでした。戦闘が終わってからやってくるような戦艦では、どうしようもありません。

「戦艦大和が惜しかったので、温存するために、後方を走らせていた」などというのでは、司令長官が乗っていても意味がないでしょう。戦艦は、空母の前に出て、砲弾《ほうだん》をどんどん撃たなければ駄目なので、やはり、作戦上も問題はあったと言えます。

先の戦争から学ぶべきこと

こうした失敗から学ぶべきことはたくさんあります。それらの多くは、戦争だけではなく、今後、企業《きぎょう》等の運営にも生かせる面がそうとうあるだろうと思います。

やはり、企業等の運営においては、次から次へと発想が出てくることが大事です。し、敵やライバルが攻めてきたときに、向こうの攻め方を研究して、返し技を打ったり、次の作戦を立てたりしていかなければなりません。日本軍は、けっこうワンパターンの攻め方をしていたようなので、返し技を打つことを考えなければいけないのです。

それから、能力主義人事です。年功序列ではなく、能力のある者をどんどん引き上げていって、実際に戦わせることが大事です。

さらに、継戦能力です。「戦いを続ける能力」を重視することが大事であり、「乾《けん》坤一擲《こんいってき》の戦いに賭《か》ける」というようなことばかりやっていたのでは、もたないわけです。そのようなことを学ばなければいけません。

また、アイデアが次から次へと湧《わ》いてくるような人材をつくっていく必要もあります。

以上、先の戦争に関して、さまざまに述べましたが、非常に悔《くや》しい思いをいろいろ感じながらも、「理《り》の当然だったのかな」という悲しさもあります。

4 国を正しい方向へ導くために

幸福実現党の戦いは一定の成果をあげている

幸福実現党は、二〇〇九年の衆院選以降、民主党に対して批判を加えています。それは、鳩山由紀夫《はとやまゆきお》氏や小沢一郎《おざわいちろう》氏への引退勧告《かんこく》として、確かに効果があっただろうと思います。

幸福実現党は、そうとうな民主党批判キャンペーンを張りましたが、「実際に、言っていたとおりになった」ということで、第一回戦としては効果があったと思います。鳩山氏自身も、八カ月半ぐらいで首相を辞《や》めるとは思っていなかったはずですから、成果はあったと言えるでしょう。

それから、「日米安保を堅持《けんじ》せよ」と強く言い続けたために、鳩山政権は、社民党との連立を切ってでも、「米国との関係のほうを優先し、引き続き日米安保を守る」ということを認めました。

こうして見ると、ここまでの幸福実現党の戦いは一定の効果をあげ、〝八カ月半分の国難〟は何とか乗り越《こ》えることができたと思います。

ただ、その次に、また菅《かん》政権ができたわけです。この菅政権に対しては、発足当時、麻生《あそう》元総理も「本格左翼《さよく》政権」などと言って批判していました。鳩山氏や小沢氏は、かつて自民党の本流にいたことのある人たちですが、菅氏の場合、さらに左に寄った左翼政権になることは間違《まちが》いないのです。

鳩山政権発足時に七十数パーセントあった内閣支持率は、最終的に二十パーセントを切って十パーセント台まで落ちましたが、菅政権に替《か》わったとたん、支持率が六十パーセント台に回復しました。幸福実現党や、その支援者《しえんしゃ》たちは、がっかりして腰《こし》が抜《ぬ》けたのではないかと思います。これによって、「国難パート2」が始まったのです。

菅政権は鳩山政権よりもさらに悪いでしょうが、順番に倒《たお》していくしかありません。「菅—仙谷《せんごく》（当時、官房長官《かんぼうちょうかん》）」というのは左翼です。ですから、これは社会民主主義的政権と見てよいと思います。

そして、仮に民主党政権がまだ続くとした場合、次の段階ぐらいで、ようやく民主党の保守派が出てきます。したがって、ここは、もう一回戦しなければいけないでしょう。

無神論、唯物論《ゆいぶつろん》の左翼《さよく》政権に国を治めさせてはならない

当会の霊言集《れいげんしゅう》を読めば、「生前、死後の世界を否定し、あの世を信じていなかったような人たちは、死後、苦労をしている」ということが、よく分かるはずです。

無神論、唯物論《ゆいぶつろん》は、真理ではないのですから、そちらのほうに政治思想を持っていこうとする政権がこの国を治めることは、あまりよいことではありません。

実際、菅内閣は、二〇一〇年六月四日に組閣の予定でしたが、天皇陛下が葉山《はやま》の

御用邸《ごようてい》へ静養に行かれてしまったため、組閣が六月八日にずれ込《こ》みました。あれは不快感の表れであると、私は、はっきり感じました。せめてもの抵抗《ていこう》だったと思います。

特に、二〇〇九年十二月には、小沢幹事長（当時）の意向で、天皇陛下は中国の副主席と強引《ごういん》に会見させられています。「民主党の訪中団が、胡錦濤《こきんとう》主席と一緒《いっしょ》に写真を撮《と》ってもらったお返しに、副主席を天皇陛下に会わせる」というようなことをされたら、やはり宮内庁《くないちょう》としては不快なことでしょう。

そこで、「反論はできないけれども、〝サボる〟ことはできる」ということで、組閣の日に予定通り静養に行ってしまわれました。しかも、「現地で風邪《かぜ》を引いて体調が悪い」と言って、「イラ菅」に対して、〝ジラ菅〟というか、「じらすことぐらいは、できるのだ」という感じで、不快感を示されました。おそらく、天皇陛下は、この政権をあまりお好きではないと思われます。

菅政権の中心にいるのは、天皇制が好きではない人たちなので、嫌《きら》われてもしかたのないことです。

ともあれ、菅政権の発足当初、六十パーセント台の支持率がありましたが、これでは、マスコミも国民もまったく駄目《だめ》です。菅氏は鳩山政権で副総理だった人です。副総理は総理を支える義務があるのですから、当然、連帯責任があります。

しかし、菅氏は、「次は自分が総理だ」と思って、沖縄《おきなわ》の問題については何も言わずに、じっと黙《だま》っていました。それで総理になれたのでしょうが、ずるいと思います。やはり、彼には連帯責任があります。

一方、菅氏を、まるで国民から選ばれて総理になったかのように持ち上げていたマスコミも、ひどい性格です。もしかすると、あとでまた叩《たた》き落とすつもりで持ち上げていたのかもしれません。そういうマスコミもひどいですが、国民のほうも、さすがにひどいのではないかと思います。あまりにも分かっていないということです。

普天間《ふてんま》基地問題で、あれほどダッチロールした原因は、鳩山氏個人だけの問題ではありません。もちろん、個人の素質の問題もありますが、政権自体に左翼《さよく》的な性質があったということを見逃《みのが》しています。

日本を「神仏の心に適《かな》う人が治める国」に

六十数パーセントまで上がった支持率を、もう一回、二十パーセントを切るところまで落とすのには力が要《い》りますが、次の〝弾《たま》〟は、すでに用意してあります。何とかして落とさなければいけません（二〇一一年二月、菅内閣の支持率は二十パーセントを切った）。

結果的には、神仏の心に適《かな》う人がこの国を治めるような方向に、できるだけ持っていかなければならないのです。それが、われわれの使命だと思いますし、そのためにも、霊界探究をし、その事実を広く国民に知らせることが大事だと思います。

二〇一〇年六月には、私の本が十一冊も出ました。読むほうも大変でしょうが、つくるほうも大変なのです。週刊誌のペースを超《こ》えているので、普通ではありません。月に十一冊も本をつくるのは、本当に死にそうなぐらい大変です。しかし、タイムリミットがあるため、撃《う》ち込むべきものを撃ち込まなければいけないのです。

私は、「午前中に本一冊分の原稿《げんこう》を校正し、午後に一冊分の内容を収録する」というように、必死で戦っています。「今がそのときだ」と思っているのです。

前述したとおり、やはり継戦《けいせん》能力が大事なので、次から次へと〝弾〟を準備し、戦い続けられるように考えているわけです。

私の著書は、すでに六百冊を超えています（二〇一一年三月に七百冊を超えた）。二十数年間、これだけ〝弾〟を撃ち続けるというのは、かなり大変なことです。

ちなみに、二〇〇九年の衆院選のとき、宇都宮のほうでは、船田元《ふなだはじめ》氏が、「幸福実現党の物量作戦には参った」などと、まるでこちらが、先の大戦におけるアメリカ軍であるかのような言い方をしていたようです。その割には弱かったかもしれませんが、ただ、次から次へと〝弾〟を繰《く》り出してくるところは、優《すぐ》れた点であるのでしょう。

ともあれ、次回は、もう少し効果的な結果を出していきたいと考えます。菅氏は、支持率が下がるのを恐《おそ》れて、早めに衆議院を解散して選挙で勝とうとするかもしれません（説法当時）。ただ、支持率が下がるのは間違いないことなので、どの程度まで行けるかは分かりませんが、〝二回戦〟を突破《とっぱ》しなければいけないと思います。

不退転の覚悟《かくご》で、もう一頑張《ひとがんば》りしなければいけません。

最終的には、国を正しい結論へと導きたいと思っていますが、マスコミや、あるいは海外に対しても、かなりの発信をしているため、影響《えいきょう》度はかなり増してきています。

ただ、実際の政権運営をさせてくれるところまでは、まだ、時間がかかりそうに思われるので、今後も努力していかなければならないと思っています。

第3章

国防と平和に関する対話

［質疑応答］

1　沖縄《おきなわ》と米軍基地についての考え方

【質問】

私は、高千穂《たかちほ》のある宮崎《みやざき》県に住んでいます。九州は、日本神道発祥《しんとうはっしょう》の地とされていますが、改めて、「大和《やまと》の心」の素晴《すば》らしさというか、誇《ほこ》れる点について教えください。

さらに、二〇一〇年十一月には沖縄《おきなわ》県知事選がありましたが、沖縄では、先の戦争で大きな被害《ひがい》を受けたこともあり、米軍基地に対して否定的な気持ちが強いようです。この沖縄の米軍基地問題については、どのように考えればよいのでしょうか。

日本の精神の源流は九州にある

九州は、ある意味で、日本の精神性あるいは宗教の発祥の地であることは間違《まちが》いありません。それは、当会の霊査《れいさ》で確定しています。

何度、霊査をしても、「大和朝廷《やまとちょうてい》は、近畿《きんき》地方から発生したのではなく、九州がオリジン（起源）であり、中国地方、出雲《いずも》のほうを経由して畿内《きない》まで移動してきた」というパターンしか出てこないのです。

したがって、学者が何と言おうとも、高天原《たかまがはら》の原型が九州にあることは間違いなく、「日本の精神の源流は、九州地方にある」と言ってよいと思います。

先の戦争で被害《ひがい》を受けたのは沖縄《おきなわ》だけではない

それから、沖縄《おきなわ》の人々は、先の戦争でそうとう被害《ひがい》を受けたので、確かに、その分のカルマと言うか、魂《たましい》の傷の部分があり、本土の大和のほうを、あまり快く思っていないところがあります。そして、戦後、米軍に占領《せんりょう》されたままで六十五年（説法当時）たったように感じている人も数多くいるだろうと思います。

これに関して、二点ほど述べておきたいと思います。

一つは、沖縄でもたくさんの人が亡くなりましたが、実は、東京もホロコースト（大虐殺《ぎゃくさつ》）状態だったということです。

東京大空襲《くうしゅう》のとき、アメリカ側は、日本の家が木造であることを十分に承知していて、どうすれば木造の家がよく燃えるかを研究していました。その上で、周囲に焼夷弾《しょういだん》を落とし、火で取り囲んで逃《に》げられないようにしてから、絨毯爆撃《じゅうたんばくげき》をしたのです。明らかに民間人を焼死させるつもりで空襲をしているので、完全にホロコーストです。

また、東京だけではなく、ほかの所でも、いろいろと被害を受けています。したがって、これには、日本人として、ある程度は甘受《かんじゅ》しなければならない面があるのです。それを知っていただきたいと思います。これが一つ目です。

日本と「運命共同体」になっている米軍基地のアメリカ人

また、「米軍の存在は、沖縄に負担がかかりすぎる」とか、「基地の危険性を除去すべきだ」とか、そういうことが、当然の常識のように、何度も何度もニュースで流れています。

しかし、アメリカの青年たちが地球の反対側まで来て、日本を守り、あるいはアジア地域の安定と繁栄《はんえい》のために戦っているのは、実は非常に尊いことなのです。

そして、アメリカ人から見れば、日本に米軍基地があるということは、彼ら自身も一種の「人質」状態になっていることを意味します。つまり、北朝鮮《きたちょうせん》や中国から核《かく》ミサイルが飛んできたら、「アメリカ人も死ぬ」ということです。ミサイルを撃《う》つときは、まず基地を狙《ねら》ってくるので、日本の場合は、アメリカ軍の基地が狙われるわけです。したがって、彼らは人質状態であり、日本人と運命共同体になっています。

その上、日米安保条約は、「アメリカは日本を守るけれども、日本はアメリカを守らなくてもよい」という片務《へんむ》条約になっていますが、こうした状態がずっと続いていること自体、本当はあまりよいことではないと思います。

例えば、もし、突如《とつじょ》、北朝鮮が南下してソウルを攻《せ》めようとすれば、一時間もかからないはずです。在韓《ざいかん》米軍は三万人弱いますが、その家族もいるため、有事の際には、当然、家族は逃げることになります。しかし、今の日米安保条約では、日本の自衛隊は、米軍の家族を日本に輸送することさえできないのです。アメリカ側から見ると、非常に不公平なかたちになっているわけです。

そういう状況《じょうきょう》のなかで、彼らは、運命共同体の意識を持ってやってくれているということを知らなければいけません。これが二つ目です。

「個人としての恨《うら》み」は、ある程度の段階で捨てるべき

さらに、以前、沖縄県石垣《いしがき》市の講演でも述べましたが（本書第4章に収録）、海

兵隊は韓国にも台湾《たいわん》にもいないので、「海兵隊を沖縄から追い出した場合、どうなるか」ということも考えなければなりません。

もし、この最強の部隊がグアムまで下がってしまったら、沖縄からは距離《きょり》がそうとうあるため、万一のときに役に立たなくなる可能性が非常に高いのです。長距離の輸送機を使っても、数時間かけないと部隊を送れないぐらいの距離がありますし、輸送できる人員等も限られます。

したがって、海兵隊がグアムから到着《とうちゃく》するころには、すでにそうとうの被害が出ている状況にあることは明らかです。そういうこともあるので、アメリカ軍に対して、あまり悪く言いすぎないことが大事です。

確かに、かつて、アメリカ軍は日本を攻撃して多くの人を死亡させたかもしれませんが、戦争は国家対国家の意思決定として行われたことであり、個々の兵士がそれほど憎《にく》み合って戦ったものではありません。その意味では、お互《たが》いに一定の敬意を払《はら》うべきだと思います。

過去、アメリカの大統領になった人のなかには、先の戦争で日本軍に撃墜《げきつい》された経験を持つ人もいます。しかし、彼らは、個人的にそういう経験があったとしても、やはり大統領などの立場に立てば、日本との友好関係はきちんと保っています。個人としての恨《うら》みはあるかもしれませんが、それは、ある程度の段階で捨てなければいけないのです。

沖縄《おきなわ》の人々は「ムー帝国《ていこく》」の末裔《まつえい》

現在、中国は、「琉球《りゅうきゅう》王国は中国に属するものである」などと言って、洗脳しにかかってきています。確かに、沖縄《おきなわ》が中国文化の影響《えいきょう》を受けていることは事実でしょう。

しかし、以前に私が沖縄正心館での説法で述べたように（二〇一〇年三月十四日「カルマとの対決」）、沖縄の人々は、九州南部や四国の人々と同じく、かつてのムー大陸から渡《わた》って来た、ムー帝国《ていこく》の末裔《まつえい》なのです。

私は四国の出身ですが、私と沖縄の人には、同じ血が流れているということです。沖縄の人々は、ムー帝国の末裔です。九州の人々もそうです。この地域の人たちは、ほとんどがムー大陸から渡って来た人たちの子孫なのです。

また、ムーの人々は、途中《とちゅう》の東南アジアのほうにもかなり上陸しています。ベトナムやタイ、ミャンマー、インドネシアなど、いろいろな所へ渡っていっています。

そのように、ムーの末裔は、民族として今でも続いているのです。どうか、その点を間違わないでいただきたいと思います。

「どういう体制を選ぶか」が国民の幸福に関係する

仮に、沖縄の人々が、「どちらの国に属するか」を選べるとしても、私は、今の中国の体制を見れば、やはり、日本のほうが「住みよい国」だと思います。たとえ菅《かん》政権であっても、中国よりは「住みよい国」でしょう。

総理大臣をこれだけ批判しても、私は、別に何もされず、自由に道を歩けます。

もし中国であれば、私はすでに牢屋《ろうや》のなかに入っていることでしょう。それは、はっきりしています。

日本では、首相の悪口を言ってもパトカーが来ることはありませんし、街頭演説をしていて暗殺されることもありません。これは、やはり「よい国」です。

中国であれば、すぐに当局に連行されるか、道を歩いているときに、ポケットのなかに〝白い粉〟を入れられて、麻薬《まやく》所持罪で逮捕《たいほ》・処刑《しょけい》されるか、そのどちらかになるでしょう。そういう国は、あまり「よい国」ではありません。

結局、「どういう体制を選ぶか」ということが、「どれだけ多くの人を幸福にするか」ということと関係があるのです。今の日本には少し問題がありますが、そうは言っても、やはり「よい国」だと思います。

そして、日本がそういう「よい国」になった原因としては、戦後、アメリカが、友人として協力してくれた部分が大きいと思うのです。その点については、やはり感謝すべきでしょう。

特に、終戦があと一カ月ぐらい遅《おく》れていれば、東京以北の東日本はソ連領になっていた可能性があり、「戦後、六十五年間、日本は東西が分裂《ぶんれつ》した状態のまま」ということもありえたのです。そうすると、東京から北は、今の北朝鮮のように、そうとう悲惨《ひさん》な状態になっていた可能性があります。

したがって、「日本は、戦後、アメリカ的な価値観に支配された」とは言っても、結果的にはよかったところがあると思います。それは忘れないでいただきたいのです。

日本神道《しんとう》の神々を進化させた「敗戦の経験」

日本神道《しんとう》系の神々の声を代弁すれば、先の大戦では、「日本が負けるとは思っていなかった」というところが、確かにあるようです。歴史上、初めて大きな負けを経験したことによって、日本の神々もいったん〝底入れ〟し、根性が付いてきたところはあります。

昔で言えば、飛鳥《あすか》時代に「白村江《はくすきのえ》の戦い」で負けたことはありますが、大きな戦いで負けたことはなかったので、日本の神々は自信満々だったのです。しかし、先の大戦でアメリカに敗れたことにより、戦後の復興を通して、「常勝思考」というか、負けても立ち上がる思考をかなり鍛《きた》えたところがありました。反省すべき点は数多くあったため、それが日本の神々の進化に役に立った面もあります。

現在では、日本の神々はアメリカの神々ともずいぶん交渉《こうしょう》しており、非常に良好な関係になっています。そういう意味で、日本神道系の神々がインターナショナル（国際的）になるために、敗戦の経験が役に立った面もあります。「負けて勝つ」ということもあるのです。

やがて国論に「揺《ゆ》り戻《もど》し」が来る

確かに、沖縄県知事選で、もう少しよい結果を出したかったところですが、最初のうちには「捨て石」になる面がどうしてもあります。それでも、一歩でも二歩でも前に進んでいくことが大事だと思うのです。

選挙では、正論を言っているところが負けて、正論を言わずに、玉虫色《たまむしいろ》のことを言ったり、正論とは反対のことを言ったりするところが勝つこともあります。民主主義においては、そういう間違いも起きますが、最終的には、何年かすると、「振《ふ》り子」が揺《ゆ》り戻《もど》されることになっているのです。

その時点ではよい方向に行かなくても、「間違った」と思ったら必ず戻しが入ってきます。これが民主主義のよいところです。

アメリカの国民も、大統領選では、「チェンジ！」を訴《うった》えるオバマ氏の名演説に酔《よ》っていましたが、二年たって、「この人は駄目《だめ》だ」ということがはっきり見えてきて、国論が変わりました。「政権交代もできるけれども、『間違った』と思ったら国民の意見が変わってくる」というのが、民主主義の素晴らしいところなのです。

現段階では、幸福実現党の運動があまり認められなかったとしても、「結果的に、正論を言っているのは幸福実現党だけだった」ということが、やがて歴史的に実証されるので、あとから少しずつ評価が上がってくるだろうと思います。

なお、沖縄県知事選における菅直人首相の罪をただ一つだけ挙げるとすれば、それは、「普天間《ふてんま》基地の辺野古《へのこ》への移設を主張している幸福実現党の候補者を支持する」と言わなかったことです。それを言っておけば、状況はかなり違っていたでしょう。

「沖縄県の民主党支持者は、幸福実現党の候補に入れてください」と言えば、あれほど恥《はじ》をかかなくて済んだのですが、それを言う勇気がなかったところが問題です。民主党の独自候補も立てられなかったのは、実に情けないことでした。

辺野古についても、菅首相は上空から視察しただけでした。地上を走っていくのが怖《こわ》かったのかもしれませんが、情けない状況だったと思います。

人間は間違いを犯す存在なので、判断を間違うのはしかたありませんが、今後は「国師」の言うことをよく勉強していただきたいものです。

2　山本五十六《やまもといそろく》と日米戦争の真実

【質問】

日本人として戦後日本のあり方を考え直していただくため、『マッカーサー戦後65年目の証言』を多くの方にお勧《すす》めしていきたいと思っています。

そこで、この本で霊言《れいげん》をされている山本五十六《やまもといそろく》連合艦隊《かんたい》司令長官について、もう少し詳《くわ》しくお話しいただければ幸いです。

軍人としてはトップレベルの人材だった山本五十六

当時、アメリカでは、山本五十六の乗った飛行機を撃《う》ち落とすに当たって、事前に会議があり、「山本五十六を撃墜《げきつい》したら、次に、もっと優秀《ゆうしゅう》な人が出てくるのではないか。もっと賢《かし》こい人が出てきたら困る」と、恐《おそ》れていたということです。

アメリカであれば、実際にそういうことがありうるので、もし山本五十六が凡庸《ぼんよう》な人であるなら温存しておかなければいけないわけですが、「今の日本には、山本五十六以上の人材はいない」ということだったため、安心して撃ち落としたらしいのです。悲しいことに、彼はトップレベルの人材だったのです。

この人は、戦前、アメリカに留学した経験があり、日本とアメリカの戦力差や工業力の差を知っていたので、「アメリカと戦争をしても勝てない」ということは分かっていました。そのため、彼は、「ご聖断《せいだん》（天皇の決断）ということであればしかたがないので、半年や一年は暴れてみせます。しかし、長期戦になると最後は負けるので、その前に和平に持っていってほしい」と言って、戦ったわけです。

ただ、彼は、若いころ、日露《にちろ》戦争の日本海海戦で被弾《ひだん》し、指を二本失っています。これについて、評論家の渡部昇一《わたなべしょういち》氏などは、「砲弾《ほうだん》の破片が当たって体の一部を損傷したところを見ると、山本五十六には、少し運の悪いところがあったようだ」と言っています。

一方、東郷平八郎《とうごうへいはちろう》の場合は、艦橋《かんきょう》に立ち続けても敵弾は当たりませんでした。当時、山本五十六は、まだそれほど偉《えら》くはなかったのでしょうが、戦場で怪我《けが》をするところを見ると、優秀な人ではあっても、多少、運に欠けるところがあったのかもしれません。

それから、戦艦大和《やまと》で突撃《とつげき》していかなかったあたりは、やはり勇気が足りなかったように思います。

『マッカーサー　戦後65年目の証言』に書かれているように、山本五十六の霊は、自分が死んだことを分かっていない状況《じょうきょう》でしたが、おそらく、彼の本来の姿は、もう少し偉い人だろうと思われます。同書の霊言をきっかけとして、自分の状況に気がつき、これから天上界《てんじょうかい》に上がっていかれることでしょう。

ちなみに、西郷隆盛《さいごうたかもり》も、西南《せいなん》の役《えき》で亡くなったあと、まっすぐ天国には還《かえ》っていません。「五十年ぐらいは地獄《じごく》で苦しんでいたはずだ」と、大久保利通《おおくぼとしみち》が霊言で明かしています（『民主党亡国論』第2章参照）。そして、大久保利通の霊は、「西郷隆盛は人気が高いので、その後、天上界に上がったけれども、自分は恨《うら》まれているので、なかなか上がれない」とも言っていました。

地獄に堕《お》ちている東條英機《とうじょうひでき》も、「自分は八百万《やおよろず》の神々の一人だ」と言っているぐらいなので、おそらく、山本五十六も、もともとはそのクラスの人なのではないかと思います。最期《さいご》は残念無念だったでしょうが、これから気づいていくことでしょうし、軍人としては、かなり立派なところがあったと思います。


「航空機で戦艦《せんかん》を沈《しず》める」というのは天才的な発明

第2章でも述べたように、アメリカと日本の国力の差は、実は、エリート養成度の差でもあったのかなと思います。山本五十六はアメリカに留学して、その差を知りすぎるほど知っていたのではないでしょうか。彼はアメリカのエリートが優秀であることをよく知っていたのですが、アメリカの強さを知らない日本人たちは、「今まで負けたことがない」ということで、ものすごくうぬぼれていました。そのため、彼は、その人たちを説得できなかったのだろうと思います。

山本五十六に天才的なところがあるとしたら、パールハーバー（真珠湾《しんじゅわん》）の攻撃《こうげき》でしょう。アメリカでは、「日本のパールハーバー攻撃は大失敗だった。あれによって、不戦論の強かったアメリカが奮起して、ものすごくやる気になってしまった」と非常に悪く言う人もいますが、「航空機で戦艦《せんかん》を沈《しず》める」ということをやったのは史上初めてなので、彼には、戦い方の発明という点において天才的なところがあったかもしれません。

戦後六十五年たった今でも、アメリカの第七艦隊をはじめ、その他の艦隊も航空母艦を中心とする編成になっているので、その意味では先見性があったと思います。

しかし、いかんせん、日本には物資が少なく、リソースフル（資源が豊か）ではなかったところが、やはり大きかったでしょう。ただ、国力に十倍の開きがありながら四年間も戦ったというのは、大変なことです。

今、中国が航空母艦をつくろうとしていますが、日本は七十年近く前に航空母艦をたくさんつくって決戦をしていますし、戦闘機《せんとうき》も、南方戦線でアメリカに八千機も落とされたと言われるぐらい、大変な数をつくっていました。これは、ものすごい軍隊です。

当時の日本は一生懸命《いっしょうけんめい》でしたが、世界トップの座はアメリカに取られました。その意味で、先の大戦には、日米の覇権《はけん》戦争の面はあったと感じています。

アメリカは、「山本五十六というのは非常に悪い男で、アメリカを降伏《こうふく》させるつもりで戦争をしている」というような悪い宣伝をずいぶんしたようですが、彼には、西郷隆盛のように、負けることを知っていて戦ったようなところがあります。軍人として職務に殉《じゅん》じたところは、立派であったと思います。

山本五十六は、やがて、しかるべき世界に還《かえ》るだろう

私は、この人には天国に還《かえ》っていてほしかったという思いはあるのですが、あれだけの戦争で負けたわけなので、やはり、長の立場にあった人には責任があり、いろいろな念波《ねんぱ》が来るのだろうと思います。山本五十六の霊が靖国《やすくに》神社に行っていなかったのは残念です。

ただ、今回の霊言収録によって、彼がまだ南方戦線で戦っているつもりでいることが分かったのは幸いでした。私と霊的に接触《せっしょく》することで、天使軍団とつながりができるので、これは救いのチャンスなのです。おそらく、適当な時期に適当な世界へ、きちんと還るだろうと思います。

結局、日本としては、先の大戦で、当時のいちばん優秀な人を使ったのでしょうが、それでも勝てなかったということです。一説には、「明治維新《いしん》のときの西郷隆

盛を総大将にし、勝海舟《かつかいしゅう》を参謀《さんぼう》にしたとしても、第二次大戦には負けただろう。アメリカには勝てなかっただろう」と言われています。そうかもしれません。

ただ、先の大戦で、もし、惜《お》しかったところがあるとしたら、南雲忠一《なぐもちゅういち》中将が優《ゆう》柔不断《じゅうふだん》であったところでしょう。彼の少し下には、もっと優秀な人がいたのですが、南雲中将が、やや優柔不断な人であったことが、敗戦の大きな理由ではないでしょうか。彼が指揮をして負けたミッドウェー海戦が、すべてを決めてしまったような面があります。

もし、あそこで勝利していれば、日本はアメリカとの戦争に勝った可能性があるのです。あの戦いでアメリカの艦隊が壊滅《かいめつ》状態になっていたら、本当に和平交渉《こうしょう》に持ち込《こ》める可能性もあったのです。

また、外交の力が弱かったところもあるかもしれません。

アメリカでは、パールハーバーへの攻撃について、「九・一一」のワールドトレードセンターへのテロと同様に、いまだに「卑怯《ひきょう》な攻撃だ」と言われていて、そうとう恨まれているところはあります。

しかし、山本五十六自身は、軍人として潔《いさぎよ》い人であったと思いますし、当時、日本の軍人のなかには、彼以外にも、何人か偉い人がいたと思います。

やはり、「勝てない戦《いくさ》」というものはあり、負けたからといって全員が悪人というわけではないのです。

例えば、幸福実現党の候補者が選挙で落ちても、当選した人のほうが必ずしも偉いわけではないでしょう。どうしようもないような人が当選して、幸福実現党の立派な候補者が落ちる場合もありますが、それはしかたがないことです。

山本五十六が南方戦線で待ち伏《ぶ》せを受けて撃ち落とされたことは、間が抜《ぬ》けていたようにも見えますが、「危険を冒《おか》してまで、前線の人たちを励《はげ》ましに行ったところは勇ましい」という見方もあるかもしれません。

この人は、おそらく、もともとは神格を持っている人なのではないかと思うので、しかるべきところに還っていただきたいと思っています。

3　靖国《やすくに》問題で大切なこと

【質問】

私の子供が小さかったとき、「お母さん、靖国《やすくに》神社って中国にあるんでしょう？」と訊《き》かれたことがあります。それで、「日本にあるのよ」と答えたところ、「日本にあるなら、どうして中国がうるさく言うの？」と言われました。

日本の国のために戦ってくださった方がたに感謝を捧《ささ》げるのは、私は当然のことだと思うのですが、この靖国神社のあり方についてお教えください。

靖国《やすくに》神社には成仏《じょうぶつ》していない霊《れい》が数多くいる

靖国《やすくに》神社は戦前からありましたが、先の戦争のときには、「戦死したら、靖国で会おう」とか、「無駄《むだ》な死に方をしたら靖国に祀《まつ》ってもらえないのではないか」とか、死後に靖国神社に祀られるかどうかを、みな、非常に気にかけていました。そのように、軍人には、あの世を信じている人が多かったのです。

これは、「アッラーのために戦って死んだら、天国に還《かえ》って幸せになれる」というイスラム教の思想に少し似ていますが、「靖国に祀られる」という約束事で戦った人たちが大勢いるため、その約束を果たす意味でも、供養《くよう》してあげなければいけないところはあると思います。

実際、亡くなった人のなかには、天国に還っている人や、すでに生まれ変わっている人も、かなりいます。しかし、いまだに成仏《じょうぶつ》できていない人が数多くいることも事実です。自分の死を受け入れて死んだ場合はよいのですが、受け入れていない状態で、突如《とつじょ》、死んでしまったような場合がけっこうあるのです。

ちなみに、私も一回だけ靖国神社へ行ったことがあります。そのときにはものすごい数の不成仏霊《れい》がいて、「これは大変だな」と思いました。神社の宮司《ぐうじ》のお祀りごとぐらいでは、とてもではないですが力不足です。昔よりは減っているでしょうが、そうとうの数の人たちが供養を必要としているように思われます。

この人たちを供養するためには、もう一段、きちんとした霊界知識や宗教心を持って、国のレベルで弔《とむら》う必要があります。「あの世などない」と思っている人がいくら祈《いの》っても、救済力はまったくありません。

「国のために戦った人」を祀《まつ》るのは当たり前

どの国でも、「自分の国のために勇敢《ゆうかん》に戦った人は、英雄《えいゆう》として祀《まつ》られる」というのが原則です。敵・味方に分かれていたとしても、自分の国のために戦ったという点では両方とも同じです。

したがって、敵側から見て、「日本は悪い国だから、日本の軍人は、全員、悪人だ」というような考え方は成り立たないと思います。国を守るために勇ましく戦った人たちを、その国の人たちは祀る権利があるのです。

逆に言うと、例えば、日本に対して英雄的に戦って死んだ中国人を、中国が祀ったとしても、それを責める気はありません。それはちょうど、三国志の時代に、魏《ぎ》・呉《ご》・蜀《しょく》が互《たが》いに戦っていても、「あちらが悪人で、こちらが善人」というわけではなく、英雄は英雄として祀られているのと同じです。

そのように、国のために戦った人たちは、きちんと供養されるべきであり、しかるべき時期が来たら祀ってもらうのは当たり前のことです。

特に、自力で地獄界《じごくかい》から天上界《てんじょうかい》に上がれない人の場合には、多くの人の供養によって〝浮力《ふりょく》〟がつくことは、事実としてあります。ちょうど、海で溺《おぼ》れているときに浮《う》き輪を投げられ、手繰《たぐ》り寄せられるような感じになります。

私が実際に靖国神社を見た感じでは、まだ、そうとうな数の不成仏霊が集合霊となって存在しているようなので、終戦記念日に首相や閣僚《かくりょう》が参拝に行ったとか、行かなかったとか、日をずらして行ったとか、そういう、かたちだけで供養をしているレベルでは話にならないかもしれません。

ただ、本来は、首相ではなく、天皇が行かなければならないと思います。天皇は日本神道《しんとう》の祭司《さいし》の長であるので、本当は天皇が靖国神社へ行って供養しなければいけないのです。ところが、昭和天皇が途中《とちゅう》から行かなくなって以降、天皇は靖国神社へ行かなくなってしまいました。これは、霊的なものを信じない戦後の風潮と軌《き》を一《いつ》にしているのかもしれません。

岸信介《きしのぶすけ》元首相の霊は、「首相の靖国参拝に、ほかの国が文句を言うのは内政干渉《かんしょう》だ」と言っていますが、そのとおりです（『日米安保クライシス』第2章参照）。国のために戦った人をその国が祀ることについて、ほかの国が文句を言う権利は基本的にはないのです。

ただ、中国も、そんなことは十分に知った上で言っているのです。それを言えば、日本がすぐに謝罪したり、日本から何かを引き出せたりするからです。あるいは、「それさえ言っておけば、自分たちのほうは何をしても構わない」ということになるので、それを軍事拡張の隠《かく》れ蓑《みの》に使っているところがあるのです。

要するに、「日本は悪い軍事国家だから、自分たちは、防衛のためにいろいろとやらなければならないのだ」ということを、いくらでも言えるわけです。

外国に何も言い返せない「半主権国家」からの脱却《だっきゃく》を

日本も、一方的に言われるだけではいけません。中国は、アメリカとよく似たディベートの国ではあるので、こちらからも少しは言い返したほうがよいと思います。

例えば、靖国参拝について文句を言われたら、逆に、「中国も日本のように軍事費をGDPの一パーセント以内に抑《おさ》えたらいかがですか」とか、「日本が二度と悪いことをしないためには、中国が軍縮を実践《じっせん》されるのが、いちばんよいと思います」とか、そのようなことを少しは言う必要があるかもしれません。

中国にとって最悪のシナリオは、外交上のミスが重なって、アメリカと戦わなければいけなくなる事態が起きることです。自分たちの準備がまだ十分ではない段階でアメリカと戦争をしたら、中国は負けます。今の段階では、武器のレベルが違《ちが》うので、絶対に負けてしまいます。「自分たちはアメリカに勝てる」と考えるのが早すぎた場合には、ボロ負けで悲惨《ひさん》なことになります。

今、中国は、アメリカが「スターウォーズ計画」でやろうとしたような、人工衛星を使って宇宙から攻撃《こうげき》するシステムの実験を行ったりしており、かなり自信をつけてきています。

中国は、民族紛争《ふんそう》や暴動などをいろいろと抱《かか》えていますし、近隣《きんりん》に仮想敵国も多いため、とにかく強面《こわもて》で対応せざるをえないのかもしれません。そして、日本に対しても、南京《ナンキン》事件、靖国問題、従軍慰安婦《いあんふ》問題あたりを責めれば、日本はすぐに謝るので、あたかも犬をしつけるような感じでやっているようなところがあります。

しかし、これは、日本がまだ、主権国家として十分な自覚がないだけのことだと思います。日本は、半分しか主権を持たない「半主権国家」のような感じになっているので、それを変えるという意味で、民主党政府が「日米安保を見直す」と言うのなら、結構なことです。

中国を民主化し、「自由に意見を言える国」にしたい

日米安保には、少しおかしなところがあります。日米安保条約では、米軍が日本から出撃する際には、日本政府と事前に協議しなければいけないことになっていますす。しかし、協議など一度もしたことはなく、米軍は勝手に出撃しているので、約束は完全に踏《ふ》み倒《たお》されているのです。

それから、「非核《ひかく》三原則」も、実際に守られていないことは、みな、知っています。いちいちグアムで核兵器を降ろしてから日本に来るはずがありません。グアムで核兵器を降ろしてから日本に寄港し、その後、西南アジアのほうに出撃していったのでは何もできないので、降ろしていないのは、もう分かっていることです。

さらに、オバマ大統領が就任してからは、日米安保自体も、これまでとは少し性質が変わってきました。以前のアメリカは、「世界の正義のため、世界の平和のために戦う」と言っていましたが、彼は、「アメリカのために戦う」と言い始めたのです。

「アメリカのために戦う」という定義からすれば、「日本のために戦う」ということが外れていく可能性があります。すなわち、日本の側で、日米の軍事同盟を否定したり、米軍基地への反対運動が強くなったりすれば、当然、アメリカは、「日本を守るのも守らないのも自由」ということになってくる可能性が高いのです。

ただ、日本が独自にあれだけの軍事力を持とうとすれば大変なことであり、そう簡単にはいきません。

一方、今、中国の軍事費は、表向きは日本を少し超《こ》えるぐらいですが、実際にはその三倍ぐらいはあると言われています。

中国には、この軍事費を削減《さくげん》してもらい、アメリカが主導している核兵器の削減交渉にも、ロシアと一緒《いっしょ》に応じてもらわなければいけません。そうしたほうが、日本と中国は、経済的にも、もっと良好に付き合えるようになるのです。

やはり、中国の共産党政権には、緩《ゆる》やかに分解していただかなければ困ります。日本の民主党政権もそうですが、あちらの政府にも緩やかに分解していただき、いろいろな意見を自由に言える国になってもらわなければいけません。今は、近隣諸国にそうとう迷惑《めいわく》がかかっていると思います。

中国は、今、内陸部のほうも少しずつ豊かになってきつつあります。人間は、豊かになってくると、衣食住のことばかり考えている段階から、もう少し高次なことを考えるような段階に入っていきます。そういう人たちの意見が強くなってくれば、政治体制が引っ繰《く》り返っていくと思います。

そのように、中国に関して、一つは、バブル経済の崩壊《ほうかい》（本章第４問参照）と、もう一つは政治的な民主化が起きるように、霊界を通じて祈っているところです。

のです。

靖国《やすくに》神社での供養《くよう》は「国家としての固有の権利」

靖国《やすくに》神社について言えば、やはり供養《くよう》は必要です。基本的に、どこの国にも、よほどの極悪犯罪人でないかぎり、自分の国のために戦った人たちを祀る権利はあるのです。

祀られている人が犯罪人かどうかについて、他の国が決め付けてくることもあるでしょうが、軍事的な問題に関しては指導者が責任を負うべきであり、その下で命令どおりに動いた人たちは、罪を問われるものではありません。

それは、警察官が法に則《のっと》って職務を執行《しっこう》する際に、一定の暴力を行使したり拳銃《けんじゅう》を使用したりするのと同じです。軍隊では、指導層が決定したことに則って動くので、下の人たちに罪はないのです。戦争に結果責任は出てきますが、それは上層部が取るべきものであると思います。

ただ、靖国神社を霊視すると、非常に空間がゆがんでいるように見えたので、供養をするためには、かなりの力が必要です。今のままでは、まだ、浮かばれない人がかなり残っています。

要するに、中国のほうは、脅《おど》す材料として靖国問題を使っているだけなので、日本としては、中国に軍事費の拡大に枠《わく》をはめるように言ったり、核兵器の削減を申し入れたり、あるいは、「中国が日本を抜《ぬ》いて世界第二位の経済大国になったのならば、国連の分担金も、当然、世界第二位でしょうね」というぐらいのことは言わなければいけません。「国連にほとんどお金を払《はら》わず、拒否権《きょひけん》だけを発動している」というのは許されないことです。

何かを言われたら言い返すぐらいのディベート能力は必要であり、少なくとも、「国家として固有の権利がある」ということは言わなければいけないと考えます。

4　日本は日米安保の堅持《けんじ》を

【質問】

万一、日米安保が破棄《はき》されるようなことがあれば、沖縄《おきなわ》の尖閣《せんかく》諸島や与那《よな》国島《ぐにじま》などは真っ先に危機に直面するだろうと心配しています。

そういう危機の際に、日本はどう動くべきでしょうか。その対応の仕方を教えください。

軍備拡張に自信を持っている中国

今、普天間《ふてんま》基地移設問題で日米安保が揺《ゆ》れていますが、そのようなときに限って、中国や北朝鮮《きたちょうせん》が、挑発的《ちょうはつてき》なことをやってきています。

彼らは、普通《ふつう》であれば、静かにしていて、日米安保が崩《くず》れるのを待ちたいところでしょう。もし挑発的なことをすると、日米安保を強化する方向に行ってしまうからです。それにもかかわらず、挑発的な行動をとるところを見ると、中国は自国の軍備拡張の結果に対して、よほど自信を持っていると思われます。

以前の中国は、「アメリカとは戦力に差がありすぎて、戦っても勝ち目がない」と思っていたため、仮想敵国としては日本やインド、ロシアなどを想定し、アメリカは外していました。しかし、現在は、「アメリカにも勝てるかもしれない」という気持ちが少し出てきているのです。

確かに、中国は、かなりの数の大陸間弾道弾《だんどうだん》を持っていますし、水爆《すいばく》を積んだミサイルも持っています。また、中国政府は、中国人が百人ぐらい死んでも怖《こわ》くないようですが、アメリカ人は命を惜《お》しがり、一人死んでも大騒《おおさわ》ぎをします。そういうことを中国はよく知っています。

したがって、例えば、日本の領土である尖閣諸島を中国がパッと取った場合、アメリカが自分たちに被害《ひがい》が出るのを覚悟《かくご》してまで日本のために戦争をしてくれるかと言えば、「してくれない」というのが今の通説です。

日本が攻《せ》められて戦争になった場合には、アメリカが応援《おうえん》に来てくれることになってはいますが、日本が、自分たちで何とかしようとする気がない場合、島を取られたぐらいで、わざわざアメリカが出て行って、守りはしないということです。

特に、中国は、最初は無人島を取ってくると思われますが、その程度ではアメリカは動かないでしょう。中国は、そのようにして、まず既成《きせい》事実をつくるだろうと言われています。

それから、中国は、北朝鮮と〝地下〟ではグルになっていると思います。そのため、一九九〇年代にとっくに潰《つぶ》れていてもよかったはずの北朝鮮が、いまだに潰れないでいるのです。ただ、積極的に北朝鮮を応援すると国際的非難を浴びるので、中国は北朝鮮をたしなめているようには見せていますが、共通の利害を持っていて、〝地下〟では援助していると思われます。

要するに、中国は、北朝鮮を潰したくないのです。「もし北朝鮮がなくなったら、韓国《かんこく》が朝鮮半島の北のほうまで攻めてきたときに、それに対する守りがなくなる」と、中国は思っているところがあります。

そのように、いつ何が勃発《ぼっぱつ》するか分からないような情勢が近づいてきていると言えます。

独自防衛のめどが立たないかぎり、日米同盟は堅持《けんじ》すべき

この時期に日本に民主党政権ができたことは、本当に運が悪いのですが、ある意味で、逆の面もあるかもしれません。すなわち、中国は、「日本がタカ派政権であ

れば、何かあればすぐに対応しようとするだろうけれども、民主党政権なら何も判断ができない」と考えて、日本を挑発してくる可能性がありますが、むしろ、それによって初めて、「防衛が必要だ」という事実を国民が理解するようなことが起きるかもしれないのです。

沖縄は昭和四十年代後半までアメリカの支配下にあり、「沖縄県」として日本に返還《へんかん》されるに当たって、沖縄の人々が非常に苦労されたことを私は知っています。また、米軍基地が沖縄に多いことに対して、「負担が重すぎる」と言っていることも、よく分かっています。

しかし、今のところ、アメリカは世界最強国なので、その世界最強国と同盟を結んでいることが、日本にとって最も安全であることは間違《まちが》いありません。

国民全体の安全を考えると、やはり、日米同盟は堅持《けんじ》しなければいけませんし、もし、これを破棄《はき》するのであれば、破棄するまでの間に、日本独自で防衛できる準備をしなければいけないのです。

ただ、今の段階では、その準備ができているとはとても思えません。独自の防衛ができるめどが立っていない状態で、日米同盟が崩れた場合には、もう、いつ何をどのようにされても文句は言えないのです。

中国側の戦略としては、「二〇五〇年ぐらいまでに、日本の西半分を中国の東海省《とうかいしょう》にし、東半分は日本自治区にする」などという案も、内部的には持っているらしいことが分かっています。日本の周辺には、そのようなことを考えている国があるのです。

日本の西半分というと、東京がどちらに入るかは微妙《びみょう》なところです。東京辺りでゲリラ戦など、やはり、したくはありません。「東京は中国の一省には入れてほしくないので、神奈川《かながわ》県までにしてほしい」などと言うような、そういう惨《みじ》めなところまで追い詰《つ》められてゲリラ戦などしたくはないので、そうなる前に何とか食い止めたいものです。

米軍が撤退《てったい》したら、今の日本では国を守れない

現在、日本と中国の関係が、いろいろな部分で非常に複雑に絡《から》み合っています。

特に、日本と中国の経済は、そうとう依存《いぞん》し合っている関係にあります。日本の企業《きぎょう》は、いろいろなものを中国の工場でつくっていますし、中国との間で輸入や輸出をしていて、貿易額もかなり大きくなっています。

同じように、アメリカと中国の貿易額も大きいし、中国はアメリカの国債《こくさい》を大量に持っていて、保有額はナンバーワンです。これだけ深い関係があれば、米中間で戦争は起きないと思うかもしれませんが、アメリカでは、ある意味で「政経分離《ぶんり》」がなされているのです。

つまり、たとえ経済面で深い関係があっても、政治の分野になると、アメリカは、「何が正義か」ということに基づいて動きます。それで、「正義に反する」と思った場合には、経済のルールを無視して動くのです。

例えば、中国系の金融《きんゆう》資産等をすべて凍結《とうけつ》してしまい、一切、動かせないようにして、戦闘《せんとう》体制に入ると思われます。そのあたりの考え方が、日本人にはなかなか分からないようです。

ただ、今までの歴史を見ると、海外において米軍に対する地元の反対運動が非常に強くなったときには、アメリカは撤退《てったい》していっています。実際に、フィリピンその他において基地を引き払《はら》ったこともあるので、米軍基地に対する反対運動をあまり激しく行うと、「そんなに嫌《きら》われるのなら、なぜアメリカが一方的に守ってやらなければいけないのか」ということになります。

アメリカの若い人たちは、いざとなれば命懸《いのちが》けで日本を守るつもりでいるわけなので、「それほど嫌われながら、なぜ、アメリカ人が日本人の命を守らなければいけないのか。日本人が自分で守ればよいではないか」と言うでしょう。

それに対して、日本側が、「そう言われても、日本の憲法では軍隊を持てないことになっています。アメリカから頂いた憲法なので、変えられないのです」と言ったら、「自分の国の憲法ぐらい、自分たちで変えればよいではありませんか。自分たちで変える気がないのなら、攻撃《こうげき》されて死んでもしかたがないでしょう」と言われるだろうと思います。

アメリカは、そのように言って、引いていくことはできますし、現実に、ほかの所では引いたこともあるわけです。今、アメリカは軍事予算を削減《さくげん》したいと思っているため、米軍基地に対する反対運動があまり強いようであれば、引いていく可能性は高いでしょう。

私は、今の状態では、日本が独自に国を守ることはできないと思います。一説には、「日本の自衛隊は、本当に戦争することを想定していないため、実際の戦争になったら、弾《たま》を一週間で撃《う》ち尽《つ》くしてしまう」とも言われているので、実に怖いところがあります。

したがって、日本がやるべきことは、武器などを全部アメリカに頼《たよ》ることなく、ある程度、独自の軍事産業をつくっておかなければいけないということです。

日米安保の堅持《けんじ》は、台湾《たいわん》や韓国《かんこく》にとっても重要

台湾《たいわん》の馬英九《ばえいきゅう》総統は、以前は親中派だったのに、日米安保がぐらつき始めたので、「中国は台湾を本当に取りにくるかもしれない」と思い、かなり緊張《きんちょう》が走っていて、万一のときに備え始めています。親中派の人たちは、条件を十分に考慮《こうりょ》して納得がいけば、中国の一部になることも考えますが、無理やり取られるようなかたちは、彼らであっても望んではいないのです。

また、鳩山《はとやま》氏が首相の当時、韓国《かんこく》に対して「訪問したい」と何度も打診《だしん》しましたが、韓国の大統領から「来るな」と言って蹴《け》られました。「鳩山氏は日米安保を壊《こわ》そうとしているが、もし日米安保が壊れたら、韓国はたちまち危機に陥《おちい》る。北朝鮮から攻め込《こ》まれた場合、あっという間にやられてしまう可能性があるので、日米安保を堅持《けんじ》しない鳩山の訪韓は許さない」ということで、断られたわけです。日本ではほとんど報道されませんでしたが、韓国の大統領は、日本のこの軟弱《なんじゃく》な政治

指導者に対して怒《おこ》っていたのです。

実際、朝鮮半島では、まだ戦争は終わっていません。三十八度線で休戦している状態なので、その気になれば一気に攻め込めますし、北朝鮮側にある砲門《ほうもん》やミサイルの数からすると、おそらく総攻撃をかければ、ソウルは一時間で火の海になってしまいます。

沖縄にいるアメリカの海兵隊は、台湾、韓国、沖縄などが攻められたときに、海から上陸していって攻撃する最強部隊です。韓国にはアメリカの海兵隊がいないので、もし沖縄から海兵隊が海外に移転してしまったら、アメリカが韓国を守る戦力は、かなり落ちるのです。そのため、韓国の大統領は鳩山氏に対して、非常に不信感を持ったわけです。

普天間基地移設問題について、アメリカ側は最初から結論を見切っている状態であり、一切、考え方を変えていません。日本が勝手に迷走して〝阿波踊《あわおど》り〟をやっているだけであり、最後は、元の結論に戻《もど》るしかないことは知っているのです。

民主党政権は、少しでも何かをいじって、自民党政権の案を変えたことにしたかったのでしょう。一時は、滑走路《かっそうろ》を桟橋《さんばし》方式で海上につくる案を主張したりしましたが、もし上から爆弾を落とされたら穴があいて、すぐに使えなくなりますし、潜《せん》水艦《すいかん》やゲリラ部隊、あるいはテロリストが来て、橋桁《はしげた》の下に爆弾を仕《し》掛《か》けて爆破しても、簡単に破壊されてしまうため、軍事的には非常に弱いのです。

「珊瑚礁《さんごしょう》が大事だ」などと言っていたのでは、簡単にやられてしまいます。滑走路が使えなくなったら飛行場の意味はないので、桟橋方式など最初から話にならないとアメリカ側は思っているのですが、民主党政権は、素人《しろうと》考えで「ああだこうだ」と一生懸命《いっしょうけんめい》に言い、見苦しい姿をずいぶんさらしました。

幸福実現党が示す方向にマスコミも民主党も動いている

日本は、戦後六十五年間、惰眠《だみん》を貪《むさぼ》ってきたため、そう簡単にはいかないと思いますが、少なくとも、幸福実現党が一定の方向性を示していることにより、多数のマスコミがそれに便乗してきて、同じ方向に動いているような面も出てきています。民主党政権は、やることとが後手後手になると思うので、私は、そのつど意見を述べるつもりですが、いきなり核《かく》戦争が始まるようなことはありません。普通は、通常レベルの紛争《ふんそう》から始まります。

たいてい、国の境界線の辺りで揉《も》めているところを、「ここは中国の固有の領土だ」と、突如《とつじょ》、宣言して実効支配するようなことから始まるのです。

そのときに、自衛隊が動けるかどうかです。安倍晋三《あべしんぞう》氏が首相だったときであれば動けるだろうと思いますが、現政権では、おそらく動けないでしょう。

韓国が、「北朝鮮に哨戒艦《しょうかいかん》を魚雷《ぎょらい》で撃沈《げきちん》された」と言って国連安保理に提訴《ていそ》しても、中国が「ノー」と言うので、国連はまったく頼りにならない状況《じょうきょう》です。中国は北朝鮮と〝地下〟でつながっているため、国連は解決してくれないのです。やはり、どこかで、誰《だれ》かが毅然《きぜん》と立ち向かわなければいけないでしょう。

今のところ、幸福実現党は政治的な勢力としてはまだ十分ではないので、思想・

言論が中心の活動をしていますが、それでも一つの拠《よ》り所にはなりつつあります。幸福の科学が「こうすべきである」と述べることによって、お墨付《すみつき》が与《あた》えられた感じになり、政府がその方向に動けたりすることがあるのです。

実際、民主党の内部にも、中堅層あたりに当会の政策のパクリ専門の人がいるようで、当会が言っていることを、しばらくしたらやり始める傾向《けいこう》があります。幸福実現党としては少し悔《くや》しい面もありますが、こちらの政策が実現されるなら、それはそれでよいことかもしれません。それによって、民主党が最初に掲《かか》げた公約を、かなり押《お》し戻したところはあると思います。

ただ、経済的に緊密な関係にあっても、軍事になると急に話が変わるのが国際社会のルールです。

中国では、まだ、胡錦濤《こきんとう》が軍部を完全に掌握《しょうあく》していません。普通は、国家主席が軍部も全部掌握していくことが多いのですが、まだ江沢民《こうたくみん》派が軍部の主力を三分の二ぐらい握《にぎ》っています（説法当時）。そのため、軍部は胡錦濤の言うことをきかず、軍部だけで独自に演習をしたり、上陸作戦を立てたり、勝手なことをしています。そのあたりは少し怖いところがあります。

「米中同盟」という最悪の事態を避《さ》けるために

今後の見通しとしては、軍事力や技術力では、やはりアメリカが最も進んでいるので、アメリカと仲良くするのが時間的にも経済的にも最も合理的であり、アメリカと離《はな》れないスタイルがよいと思います。アメリカと簡単に別れたりせずに、「まあまあ、そうおっしゃらずに」という感じで、粘《ねば》らなければいけません。

それから、最悪の事態としては「米中同盟」もありえます。万一、電撃的に米中同盟を結ばれたときには、日本はお手上げであり、もうどうにもなりません。日本は憲法の改正もできない状態なので、どのように処理されても何も言えないのです。

オバマ大統領はそこまではやらないと思いますが、ヒラリー・クリントン氏が大統領になっていた場合を想定すると、米中同盟はありえたかもしれないと感じます。

今、彼女は日本の外務大臣に当たる国務長官を務めていますが、この人は頭がよいので数字で判断し、「中国は日本の十倍の人口があるのでしょう？　将来的には、経済はこちらのほうが大きくなるのだから、中国と結んでおいたほうが有利ではありませんか。日本は言うことをきかないし、誰が意思決定をしているのか分からなくて、こちらの頭がおかしくなってくるので、もうあんな国は相手にせず、米中で大人同士の付き合いをしましょう」などと言って、突如、同盟を結んでしまう可能性があるため、怖いところがあります。

その意味では、米軍基地への反対運動が拡大することは危険です。あれだけ、反対運動の報道ばかりを流されたら、アメリカは、「もう、日本の民意は離れた」と見て、引き始めるかもしれません。あれでは、米中同盟を結ばれても文句は言えないでしょう。「日本が友好国でないならば、アメリカは中国と同盟を結んだほうが経済の立ち直りが早い」という考えもあるわけです。

したがって、米軍基地に対する反対運動をあまり大きくせず、日米同盟をきちんと守っておくことと、万一のときのために、近隣《きんりん》のインドやロシア、オーストラリアなどの国と、できるだけ交流を深めておくことが大事だと思います。

現在、アメリカはアフガニスタンで戦争を続けていますが、アフガンで失敗した場合には、次の段階として、インドとパキスタンの戦争や、イランとイスラエルの戦争が起きてくる可能性があります。特に、イランの大統領は、イスラエルを地上から消滅《しょうめつ》させることを目標に掲げています。

このように、次の火種がまだ二つあるので、当面、戦争の種がなくなることはありません。

民主党でも自民党でも国を守れない

日本の自衛隊では、関係者が何か発言をすると、すぐにトップがクビになったりします。しかし、国防については、やはり政治家が責任を取らなければいけません。

民主党政権もひどい状態ですが、自民党政権時代にも、当時の田母神俊雄《たもがみとしお》航空幕《ばく》僚長《りょうちょう》が「日本はよい国だ」という内容の論文を書いたら、防衛大臣がすぐに彼を更迭《こうてつ》しました。これでは国を守れないのは明らかです。

今の状態では、民主党も自民党も、両方とも駄目《だめ》なので、多少、悪者にされる可能性はありますが、幸福実現党が、防衛についてやや強めの意見を言っているのです。「いつ、何が起きるか」という時間的な問題は、政治状況と連動します。民主党政権が長引くようであれば、どのような結果になろうとも、どうしようもありません。長期政権にならないことを祈《いの》るばかりです。

幸福実現党が、早く、ある程度の政治的な力を持つことができればよいのですが、まだ国民の大部分は、『日米安保クライシス』に出ている丸山眞男《まるやままさお》のほうが正しいのではないかと考えるようなレベルかもしれません。したがって、宗教的な意識改革と政治的な改革を同時にやらなければいけないので、つらいところはあります。

世間は、幸福実現党について、「宗教が応援している政党だ」ということで、しばらく様子を見ている状況なのかもしれません。安全な宗教かどうかを見極《みきわ》めるのに十年ぐらいかかることがあるため、厳しいとは思います。

最近、私は、「もうマスコミは駄目だ。使命を果たしていない」と感じています。彼らは民主党政権を攻撃したりはしますが、自分たちの間違いを認めたくないところがあるのか、本腰《ほんごし》が入っていません。マスコミの上層部は、いわゆる安保世代の人たちなので、自分たちが若いころにやり損《そこ》ねたことをやり直したい気持ちがあり、民主党政権を応援しているところがあるのです。

ただ、今後の読みとしては、中国は自信を持ってくるでしょうが、私は今、「中国にバブル崩壊《ほうかい》を起こそう」と考えています。中国は、経済が十パーセント成長を続けていて、慢心《まんしん》していますが、一度、バブルが破裂《はれつ》したら謙虚《けんきょ》になるのではないかと思います。

そこで、私は天上界《てんじょうかい》において、バブルの破裂を計画中なのです。そうなれば、中国も、もう少し謙虚になるでしょうし、こちらも時間を稼《かせ》ぐことができ、その間に対策がもう少し進むかもしれません。

第二部　真の世界平和を目指して

第4章

国境を守る人々へ

2010年10月30日
沖縄県・ANAインターコンチネンタル
石垣リゾート

1　尖閣《せんかく》諸島問題で責任回避《かいひ》をした菅《かん》政権

中国が世界帝国《ていこく》を目指して発進し始めた

本章では、「国境を守る人々へ」と題して述べていきます。

この章のもととなる講演は、沖縄《おきなわ》県石垣《いしがき》市にて行《おこな》ったものです。石垣市の人々は、まさしく日本の国境にあって、今、この国を守る最前線にいてくださる方々です。そのことへの感謝を込《こ》めて、めったに行くことのできない所で、あえて話をしたのです。

さて、この講演の前日（二〇一〇年十月二十九日）には、ベトナムのハノイで、中国の温家宝《おんかほう》首相と日本の菅《かん》首相とが会談をする予定になっていましたが、菅首相と前原《まえはら》外務大臣（当時）は、一時間ほど待たされたあげく、会談をキャンセルされました。それを見て、私は、「なかなか老獪《ろうかい》な相手だな」という印象を受けました。

もちろん、マスコミ等では、「中国の国内問題があるから」と、キャンセルの表向きの理由が説明されてはいますが、「そうした問題が理由ではなく、今、もっともっと大きな流れが起き始めている」と考えたほうがよいと思うのです。

先般《せんぱん》、「中国の国家副主席である習近平《しゅうきんぺい》氏が二〇一二年に国家主席になる」ということが、ほぼ確定しました。

その習近平氏は、さっそく北朝鮮《きたちょうせん》との軍事同盟の強化を打ち出しています。そして、南北朝鮮に分かれて戦った朝鮮戦争について、「中国と北朝鮮は正義の戦争をしたのだ」とも述べているのです。

こうした動きが矢継《やつ》ぎ早《ばや》に出てき始めています。すなわち、「次の国家主席が決まったことによって、今、中国の大きな方針が出てこようとしている」と考えてよいと思うのです。

その方針とは、「アジア・太平洋地域において、中国が覇権《はけん》主義、中華帝国《ちゅうかていこく》主義を本格化する」というものです。それが明確な路線として出されているのです。少なくとも、次の国家主席の代になって十年間、二〇二二年ぐらいまでは、その流れで、まっすぐに進んでいくものと推定されます。

こうした中国側の発言等を受けて、韓国《かんこく》は、今、急速にアメリカとの同盟強化に入っています。

また、現在、日本には尖閣《せんかく》諸島問題等で中国との間に主張の違《ちが》いがありますが、実は、中国との領土問題はアジアの各地に存在しているのです。特に、フィリピンは、中国との領土問題を抱《かか》えているので、明確に「日本のほうを支持する」と言っています。

そのように、中国は軍事力強化に努めており、アメリカをアジアから後退させ、次の覇権国家になろうとしているのです。

この筋書きは、はっきりと読み取れます。この大きな流れは基本的に変わらないと見てよいと思います。

要するに、「アメリカが、世界の〝警察官〟として、『世界の正義とは何か』を考え、世界の安全と平和を守る」という状態に対して、中国が、新しいチャレンジャー（挑戦者《ちょうせんしゃ》）として現れ、「大中華思想」を掲《かか》げて世界帝国を目指し、今、発進し始めたのです。これが世界的な流れだと思います。

二〇〇九年、日本では民主党政権が発足しました。民主党政権は、最初、「親中」「中国寄り」の方針を打ち出しましたが、一年たつか、たたないうちに、その方針は崩《くず》れつつあります。

前原外務大臣はハワイでアメリカのクリントン国務長官と会談し、日米同盟の強化等について話をしました。それが中国の逆鱗《げきりん》に触《ふ》れ、前述の首相会談の拒否《きょひ》になったのだと思います。

外交判断から逃《に》げ、地方の行政機関の裁量に委ねた菅首相

さて、二〇一〇年九月に、尖閣諸島付近で中国漁船が日本の巡視船《じゅんしせん》に衝突《しょうとつ》し、船

長が逮捕《たいほ》されましたが、やがて釈放《しゃくほう》されました。その問題について、菅首相も仙谷官房長官《せんごくかんぼうちょうかん》（当時）も、「沖縄の那覇《なは》地検の裁量に委ねる。それを了《りょう》とする」という言い方をし、地方の検察庁の判断に委ねました。これは、はっきり言えば、「政治が外交判断から逃《に》げた」と見てよいでしょう。

そして、これには、もう一つ、考え方として心配なところがあります。

日本国憲法下では、「立法」「行政」「司法」の「三権分立」が定められています。立法とは、国会のことです。行政とは、内閣および各省庁等の機関のことです。司法とは、裁判所を中心とした機関のことです。

菅首相や仙谷官房長官は、この三権分立を念頭に置き、「那覇地検で判断したことには介入《かいにゅう》しない」という言い方をしていたようにも感じられます。すなわち、「三権分立」と「地方分権」とが一緒《いっしょ》になって、そういう発言がなされたようにも感じられるのですが、ここには一つ見落としがあります。

それは、「検察庁は、三権分立で言えば、司法ではなく行政の機関である」ということです。

行政には内閣があり、内閣には法務大臣がいます。法務大臣は法務省を管轄《かんかつ》しており、法務省のなかに検察庁があるわけです。そして、那覇地検は検察庁の地方組織であり、法務省の管轄下にある役所です。上司に当たるのは法務大臣であり、その上にいるのは内閣総理大臣です。すなわち、那覇地検は、内閣総理大臣や官房長官と同じラインのなかにある行政機関なのです。

したがって、内閣総理大臣や官房長官が外交判断から逃げたのは、会社で言えば、「係長が判断したことに社長は口を挟《はさ》まない」ということと同じです。しかし、地検は行政機関なので、三権分立的に「行政は司法には口を出さない」ということではないのです。

もし、地検を「司法に属する」と思っているのなら、明らかに法律知識が足りませんが、菅首相の知識は、おそらく、その程度であろうと思われます。

要するに、地検は行政機関であることを知らなくてはいけません。「地検が判断したことに国は口を挟まない」というのは間違った考え方です。この一点は、はっきりと述べておきたいと思います。

外交問題は国のトップが責任を負わなくてはならない

さらに、もう一つ、述べておきたいことがあります。

民主党は「地方分権」「地域主権」をよく言っています。それが、「地方を振興《しんこう》させ、発展させる」という意味であれば、私は別に反対ではありません。しかし、責任回避のために、それを言うのであれば、私は、はっきり言って反対です。それは、ずるいことです。絶対に許せません。

もし、責任回避のための地方分権や地域主権であれば、「幕府はあるけれども、責任は各藩《はん》にあるという、明治政府以前の体制に戻《もど》せ」と言っているのと同じです。

それは、例えば、長州藩《ちょうしゅう》が外国と戦争をしようと、薩摩藩《さつま》が外国と戦争をしようと、「外国は長州や薩摩と戦ってください。幕府の責任ではありません。勝手にやってください」と言っているようなことです。その体制に戻そうとしているように見えるのです。

地方分権や地域主権を「政府の責任逃《のが》れ」に使われたら、どうなるでしょうか。尖閣諸島や石垣島で、あるいは沖縄本島で軍事的紛争《ふんそう》が起きても、「地域主権の問題なので、沖縄県単独で解決してください」「尖閣諸島は石垣市の管轄下にあるので、石垣市長が戦ってください」などと言われかねないことになります。

しかし、自衛隊そのものは石垣市には駐屯《ちゅうとん》していないはずなので、紛争が起きたときには、どうやって戦うのでしょう。事務関係の人たちが行《い》って戦うのでしょうか。

漁業に従事する人々が、もし何らかの危険な目に遭《あ》っても、そのような感じで国に逃げられたら困ります。

外交問題は、やはり、国のトップが責任を負わなければならない、極《きわ》めて重要なものです。国のトップは、これから逃げてはなりません。

2　日米同盟はアジア・太平洋地域安定の「要《かなめ》」

沖縄《おきなわ》から放り出されたら、米軍は沖縄を助けには来ない

民主党政権が発足して以降、国難の正体として、まず外交問題が始まり、次に経済問題が始まりましたが、ここは、間違《まちが》えてはいけない非常に大きなポイントだと思います。

先の沖縄《おきなわ》県知事選では、現職の知事である自民党系の候補者も、県内で市長をしていた候補者も、普天間《ふてんま》基地の県外移転を主張していました。そうしないと選挙に勝てないと思っていたのでしょうが、「これが次の大きな国難を呼ぶかもしれない」という危険性についてまでは、責任を負っていなかったはずです。

オバマ大統領は二〇一〇年十一月に来日しました。その際、菅《かん》首相は、本来なら

ば、日米安保五十周年に合わせ、もう一段、日米安保を強化する話をしなければならなかったのですが、それができないことは、来日前の時点で、すでに決まっていたと言えます。

なぜでしょうか。菅首相は、「沖縄県知事選が終わらなければ判断できない」という言い方をしていたからです。すなわち、国対国の外交問題を、地方レベルの責任にしようとしていることが、はっきり見えていたのです。

当時、「今、日米会談をしても、何の進展もないであろう」と言われていました。アメリカ側は、そういう頼《たよ》りない首相と会談をしても、話は大して進まないであろうと思っていたことでしょう。

したがって、私は次のことを述べておきたいのです。

選挙で勝ちたいという気持ちがあるのはよく分かります。しかし、本当に、この国のことを考えるならば、「今、沖縄という地から、そして、この石垣《いしがき》市に属する、重要な尖閣《せんかく》諸島から、新しい問題が起き始めている」ということに対する自覚を、しっかりと持たなくてはならないと思います。

「国の政府が地方に責任を丸投げしている」ということならば、これは、逆に言うと、「この石垣市、あるいは沖縄県の人々の考え方によって、国政を変えることができる。地元の意見が変われば、国政が変わる。ある意味で、総理大臣の意見を地方の考え方でねじ伏《ふ》せることさえできる」ということを意味しているのです。

有力と言われる二人の候補者とも、普天間基地の県外移転を主張しており、その先のことは、まったく考えていなかったようです。

しかし、はっきり言うと、前述したように、中国では、「次は中華帝国主義《ちゅうかていこく》をとる」という方針が、内部的に、もう固まっているのです。

知事選のために、「米軍基地を沖縄から放り出す」と言うのは結構ですが、「放り出された米軍であっても、沖縄が危機の際には沖縄を救いに来ると思っているのなら、甘《あま》いですよ」と私は述べておきます。

今まで、アジアにおいて米軍基地が撤退《てったい》した地域は、ほとんど中国の支配下に置かれています。「そういうことが起きますよ」と言いたいのです。

自衛隊は、現在、まだまだ非常に臆病《おくびょう》な体質になっています。

また、自衛隊の最高司令官は総理大臣ですが、現在の菅首相は、あのように弱腰《よわごし》で、逃《に》げ腰《ごし》です。軍事的な行動においては、トップが弱腰で、逃げ腰であったら、十分なかたちで動くことができないのです。

これでは、いったい、どれだけ大きな犠牲《ぎせい》を払《はら》わなくてはいけなくなるか、分からないところがあります。

日米同盟を堅持《けんじ》し、中国に〝核《かく》のカード〟を切らせるな

そういう流れのなかで、先の沖縄県知事選に、幸福実現党の公認候補として、あえて金城竜郎《きんじょうたつろう》氏が沖縄および日本の未来のために立ち上がり、沖縄の米軍基地の重要性などを訴《うった》えたわけですが、その勇気を私は高く買いたいと思います。

今のままでは、アメリカに、「とにかく沖縄に米軍は要《い》らない。アメリカ人は出

ていけ」と言っているようにしか聞こえません。

しかし、今の米軍は、もはや、単なる占領軍《せんりょうぐん》ではなくなっています。これは、日米安保の一部として、日本を守る戦力になっていると同時に、アジア・太平洋地域安定のための要《かなめ》になっているのです。

沖縄での選挙によって、韓国《かんこく》や台湾《たいわん》の運命まで変わってくる可能性があるため、韓国も台湾もピリピリしています。韓国にはアメリカの海兵隊はいないのです。また、沖縄に海兵隊がいなくなると、台湾は風前のともしびになります。一瞬《いっしゅん》にして中国の支配下に置かれてしまう可能性もあるのです。

もちろん、日本が自衛隊で国防を固めることは大事であり、将来的には、その方向で行かなければならない可能性が高いとは思います。

しかし、現時点では、尖閣問題に端《たん》を発した紛争《ふんそう》が大きくなったときに、自衛隊単独で対応が可能かといえば、そうではありません。特に、中国が〝核《かく》のカード〟を切ってきた時点で、外交交渉《こうしょう》としては終わりになる可能性が高いのです。

したがって、日米関係は非常に大事です。今、自衛隊は核兵器を持っていませんが、アメリカとの同盟関係を堅持《けんじ》することによって、少なくとも国を守ることはできます。要するに、通常レベルの紛争であれば、ある程度、自衛隊と米軍で対応できるのです。

中国が〝核のカード〟を切れないのは、日本に米軍との同盟があるからです。北朝鮮《きたちょうせん》も中国も、日米の同盟関係を切りたくて切りたくて、しかたがないのです。その証明が、クリントン国務長官と前原大臣が日米関係強化の話をしたため、日中の首相会談をキャンセルされたことです。

中国や北朝鮮は、日米間に楔《くさび》を打ち込《こ》みたくて、しかたがないのです。そういう国に協力してはいけません。

3　自由と繁栄《はんえい》を享受《きょうじゅ》できる未来へ

ノーベル平和賞受賞者が投獄《とうごく》されている中国

もちろん、人には思想・信条を選ぶ自由があるので、いろいろな考えがあってもよいでしょうし、最近では、「経済交流が進んだので、今、中国は日本と同じような立場に立った」と考えている人が多かったと思います。

ところが、二〇一〇年のノーベル平和賞をもらった劉暁波《りゅうぎょうは》氏をめぐって、紛争《ふんそう》が起きました。

現在、彼は中国で投獄《とうごく》されています。なぜかというと、二〇〇八年に、「中国も、共産党の一党独裁体制をやめ、複数政党制を敷《し》いて、民主主義的な政治に変えるべきだ。民主主義と言論の自由がある国に変える必要がある」という提言をしたからです。それが、「国家政権転覆扇動罪《てんぷくせんどう》に当たる」とされ、懲役《ちょうえき》十一年を言い渡《わた》されているのです。

今の中国は、そういう国です。みなさんは、日本がそういう国になっていくことを望ましいと思いますか。

一方、アメリカは、どうでしょうか。

確かに、先の大戦で沖縄《おきなわ》は非常に大きな被害《ひがい》を受けましたが、日本は、アメリカと友情を結ぶことによって、結果的には繁栄《はんえい》を享受《きょうじゅ》することができました。アメリカの考え方には、進んでいるものがかなりありましたし、人権意識も高く、自由や平等、繁栄の思想を、そうとう日本に教えてくれたのです。

今、日本には、「中国とアメリカのどちらを選ぶか」という選択肢《せんたくし》が現れてきています。

現在の中国がしていることを見るかぎり、残念ながら、まだ、日本の側からご指導申し上げる事柄《ことがら》は数多くあると思いますが、今のところ、あちらからご指導を受けるような事柄はないのではないかと思われます。

日本で民主党が政権を取れた背景には、おそらく、日本の経済界に、「日中の経済関係の拡大」という目標があったからでしょう。しかし、中国にはカントリーリスクがあり、「将来的に危ない」と見て、今、中国から日本企業《きぎょう》は引き始めています。

中国に工場を展開し、安売りで有名なユニクロや、民主党の岡田《おかだ》幹事長の実家である大手スーパーなどでは、「現在、衣料品の中国での生産割合が八十パーセントぐらいあるが、それを五十パーセントぐらいまで下げよう」という方針を打ち出しました。アジアのほかの地域でも、同じようなことができないことはないので、そちらのほうにシフトしかかっています。

現在の中国の強硬《きょうこう》姿勢から見ると、次は、現地の日本企業を没収《ぼっしゅう》したり、工場を操業停止にしたり、何らかの理由で現地の日本人を逮捕《たいほ》したりするようなことが起きると考えられるのです。

民主党政権が「日本、危《あや》うし」の状態を招いた

すべては、「日本が、気概《きがい》のある国家として、〝背骨〟をきちんと立てるかどうか」ということにかかっています。日本は、普通《ふつう》の国家として、〝背骨〟をピシッと伸《の》ばさなくてはなりません。

政治家が、気概を持ち、「国民の生命《せいめい》・安全・財産を、国が責任を持って守る。それが、選挙で選ばれたる者の当然の使命であり、国民から税金を徴収《ちょうしゅう》している者の当然の使命である」という当たり前のことを、当たり前に言えるようになったならば、国際世界においては、どの国も他国を簡単に侵略《しんりゃく》できないのが当たり前なのです。

ところが、宥和《ゆうわ》政策をとり、非常に甘《あま》く下手《したて》に出ていると、脅《おど》しに屈《くっ》してしまい、しなくてもよい交渉《こうしょう》をし、しなくてもよい妥協《だきょう》をし、しなくてもよい撤退《てったい》をし、地方を犠牲《ぎせい》にしていくことも、十分にありうるのです。

私は、アメリカが完全な国だとは思っていません。しかし、「アメリカに移住したい」という人は、今、大勢います。一方、北朝鮮《きたちょうせん》には、脱出《だっしゅつ》したい人が数多くいるのです。

移住したい人が大勢いる国と、逃《に》げ出したいのに、引きずり戻《もど》されて監禁《かんきん》される国と、どちらがよいかを考えれば、多くの人が「行って住みたい」と思う国のほうがよいのは明らかです。

脱出したくても、引きずり戻され、刑務所《けいむしょ》に入れられる国は、よい国であるはずがありません。しかも、そこは収容所列島のようになっています。

その北朝鮮との軍事的な協力関係を、さらに強化しようとする政権が、次の国家主席の代で中国にできようとしています。そのことを、どうか見逃《みのが》さないでいただきたいと思うのです。

私は、「この国難が沖縄から始まっていく」ということを非常に重視しています。

二〇〇九年、日本で政権交代が起き、民主党政権が立ちました。それまで、私は、

「日本のゴールデン・エイジがやってくる」ということを、ずいぶん述べていましたが、民主党政権誕生以降、特に二〇一〇年になってからは、霊言《れいげん》等で、将来についての非常に悲観的な予言が数多く出てきています。

ここで、日米関係が切れ、日本独自で国の防衛を固めるだけの自覚もない政治家によって、政治が行われるようになれば、この国の運命は風前のともしびになります。非常に危険です。

「日本、危《あや》うし」というのが今の実情なのです。

国の防衛は自衛隊独自で決められることではありません。政治のレベルで、考え方を決めなければいけないのです。

そのため、私たちは政治のほうにもそうとう働きかけています。もちろん、幸福実現党は独自に主張を述べていますが、それ以外にも、自民党や民主党のなかにいる政治家に対して、かなりの情報を私たちは発信しています。

私の著書は国会議員にも数多く献本《けんぽん》されていますし、当会の関係者が国会議員等に話をしに行ってもいます。そのようにして、この国の世論《せろん》を少しずつ少しずつ動かそうとしています。

誰《だれ》もが、「先がどうなるか」を知りたいのです。「先がどうなるか」を知りたいのなら、先がどうなるかが分かる人の意見を、どうか聴《き》いていただきたいのです。それをお願いしたいと思います。

人間にとって最も大切なのは、自由が確保されること

私は、この一年余り、「自由の価値」ということを非常に重視して説法をしています。

全体主義的社会主義国家において、最も嫌《きら》われる言葉は「自由」です。そこでは、「自由」という言葉が最も嫌われるのです。しかし、人間にとって最も大切なのは、やはり、「自由が確保される」ということです。

例えば、「政府に対する批判など、不穏《ふおん》な発言をしただけで、すぐ刑務所に連れ

ていかれる」ということであっては、ものも言えませんし、本も書けません。

私の著書は中国語にも数多く翻訳《ほんやく》されていますが、中国政府から見て都合《つごう》の悪い部分に関しては削除《さくじょ》を要求されます。自由にものが言えないのです。

日本のNHKは中国でもリアルタイムで放映されていますが、前述した、劉暁波氏のノーベル平和賞受賞を伝えるニュースのときには、画面が真っ黒になり、ブラックアウトの状態になりました。全世界を網羅《もうら》している、アメリカのCNNのニュースからも、中国では彼の受賞のニュースが消えました。

中国政府は、国民に対して、「自国民がノーベル平和賞を受賞した」というニュースを知らせないのです。

中国では、こういうことが堂々とまかり通っています。

こういう状態で、どうして、真理が、真実が、明らかにできるでしょうか。どうして、本音が言えるでしょうか。

また、二〇一〇年の中国共産党中央委員会総会は、事実上、次の国家主席を選ぶことになる重要な場なので、普通はデモなどできるはずがありません。それなのに、大会の最中《さいちゅう》に中国各地で抗日《こうにち》デモが数多く起きました。これは、裏から政府主導で行っているものであることは明らかです。

これに関して裏で糸を引いているのは、国家副主席である習近平《しゅうきんぺい》氏だと思われます。彼が、現在の国家主席である胡錦濤《こきんとう》氏を揺《ゆ》さぶっているのです。二〇〇九年の総会では、習近平氏が中央軍事委員会の副主席になって次の国家主席に内定することを、胡錦濤氏が認めなかったので、習近平氏が胡錦濤氏に圧力をかけていたわけです。

首相の温家宝氏は、今、対外的に強硬姿勢を取っているようですが、彼も、「弱い姿勢を見せると、いつ失脚《しっきゃく》するか分からない」という状況《じょうきょう》にあります。

ともかく、今の中国は、あまりよい国ではありません。沖縄地方には親中派の人が多いようにも聞いていますが、未来の幸福や人々の繁栄を考えたならば、やはり、自分たちが自由と繁栄を享受できる未来の方向へ、選択がなされるべきだと思います。

これは石垣市や沖縄県限りのことではありません。少なくとも沖縄県全体で見ても、「この石垣市の市民が、どう判断するか」ということは、世論に大きな影響《えいきょう》を与《あた》えるでしょうし、この石垣市で、「国防の大切さ」を投票で強くアピールすることは、首相官邸《かんてい》にまで強い影響を与えます。

したがって、どうか、まず、この地において、自由と繁栄に向け、のろしを上げていただきたいと思います。

日米関係を壊《こわ》さない方向で政治選択《せんたく》を

私が述べたいことは一つです。

「日本という国が、国家として、今後、少なくとも、十年、二十年と生き延びるためには、今、日米関係を壊《こわ》してはならない。その方向で政治選択《せんたく》をしなければいけない。今の政権中枢《ちゅうすう》部は、残念ながら、地方に責任を押《お》しつけようとしている。

したがって、地方における判断責任は極《きわ》めて重い」ということを、理解していただきたいと思います。

本章では、「国境を守る人々へ」という題を掲《かか》げました。

みなさんは、これから、重大な責任と運命の荒波のなかに置かれることになると思います。

しかし、私たちは、どこまでも、どこまでも、みなさんの未来を明るくするために、みなさんを励《はげ》ましていきたいと考えています。

みなさんが私たちを信じ、応援《おうえん》してくださることを、心より祈念《きねん》いたします。

第5章

この国を守る責任

2010年10月31日
沖縄県・幸福の科学沖縄南部支部精舎

1　外交は、国の命運を左右する重要課題

沖縄《おきなわ》の地元紙に広告が載《の》る

本章では、「この国を守る責任」という題で述べていきます。

この講演を行う当日の朝、ホテルに届いた新聞を見ると、「沖縄《おきなわ》タイムス」と「琉球新報《りゅうきゅうしんぽう》」の一面に、私の著書『この国を守り抜《ぬ》け』『秋山真之《あきやまさねゆき》の日本防衛論』（共に幸福実現党刊）の広告と並び、「著者来たる」ということで、講演会の案内が載《の》っていました。これは、ずいぶんなサービスだと思います。信者のみなさんのお力によるのかもしれませんが、私は少し驚《おどろ》いたのです。

石垣島《いしがきじま》での講演会（本書第4章）も両紙の新聞広告に載り、石垣市長も来てくださいましたが、本土のほうの、あるマスコミの意見によれば、「沖縄タイムスと琉

球新報は左翼《さよく》の牙城《がじょう》であって、もはや中国のスパイと化し、中国に向かって『沖縄の解放に来い』と呼び込《こ》みをしているような新聞」と捉《とら》えられているのです。

しかし、こうした広告が載るところを見ると、「まだ日本のマスコミとして頑張《がんば》っているらしい」ということが、よく分かりました。

「経営上の問題もあるのではないか」という説もありましたが、それは一部の〝悪口〟と考えることにして、私としては、やはり、支部での講演会の案内を載せてくださるだけでも、十分にありがたいと考えています。日本のマスコミとして、まだまだ活躍《かつやく》されていると信じたいと思います。

戦争は、外交上の失敗の延長上にある

さて、本章では、第4章で触《ふ》れなかった論点についても述べていきたいと思います。

沖縄では、米軍基地の問題が知事選での大きな争点になりました。

先の大戦において、沖縄が、本土に比べて大きな被害《ひがい》を受けたことは事実です。そして、戦争や軍隊などに関して、アレルギーがそうとうあることも事実であると思います。

ただ、戦争というのは、それに先立って、外交の問題があるものなのです。教科書などには、「軍部が独走して、あのような戦争を起こし、国民は被害を受けた」というように書かれています。そういう見方を後知恵《あとぢえ》で付けることも可能かとは思いますが、やはり、戦争に先立って、外交の失敗があったのです。

いちばん致命的《ちめいてき》な失敗は何だったかというと、それは、日英同盟が破棄《はき》されたことです。これが大きかったと思います。

もし日英同盟が破棄されずに維持《いじ》されていたら、アメリカとの戦争は起きていません。軍部云々《うんぬん》の問題ではなく、戦争そのものが起こらなかったのです。アメリカが最強になる前は、イギリスが最強でした。そのイギリスと同盟を結んだままであれば、アメリカと戦うこともなかったはずなのです。

外交の失敗は致命的なものです。戦争などは、基本的に、外交の延長上にあるものなのです。したがって、外交を軽く考えてはいけません。先のことをよくよく考えた上で、外交をしなければならないのです。

今、沖縄のみなさんが、普天間《ふてんま》基地問題について怒《おこ》っておられるのは、県民感情として、よく分かります。民主党政権が誕生し、「辺野古《へのこ》ではなく県外に移転する」という話になり、その気になっていたところ、「やはり元の案に戻《もど》す」と言われれば、カーッと怒りたくはなるでしょう。

しかし、そうは言っても、外交というのは本当に大事なことであるのです。

実際のところ、どこの国の政治家にとっても、自分の国は大事ですし、国民も大事です。「国民を守りたい。戦争などで国民の血を流したくない」と思うのは、どこの国も同じなのです。ですから、「外交のところで、まず失敗をしない」ということが非常に重要であるのです。

日米同盟を破棄《はき》したら、どうなるか

民主党は、「チェンジ（政権交代）した」ということで、自民党と反対のことをしようとしたのでしょうが、普天間基地問題が、こうした結果になってくるとは予想していなかっただろうと思います。結果的に、自民党政権時代と同じようになってきつつあるわけですが、やはり、政権に就《つ》いて与党《よとう》になれば、国民の生命・安全・財産を守ることを考えずにはいられなくなるのです。

沖縄県知事選に当たっては、幸福実現党の候補者以外に、現職の知事と前宜野湾《ぎのわん》市長が名乗り出て、この二人が有力候補であるようにずいぶん報道されましたが、二人とも県外移設のほうに舵《かじ》を切っているようでした。そのほうが、おそらく票が取れるのでしょう。ただし、この問題には、国家レベルでの外交問題が絡《から》んでいるので、よくよく考えていただかなければいけない面があります。

先の大戦では、沖縄戦でアメリカに敗れ、そこから日本の降伏《こうふく》へとつながっていきましたが、沖縄戦について悔《くや》しい思いをしているのは、左翼系の方々だけではありません。左翼から見れば軍国主義に見える保守の方々も、やはり悔しい思いをしています。悔しいのは同じなのです。

ただ、現時点で考えると、日本国憲法では、自衛隊ははっきり言って継子《ままこ》扱《あつか》いされている状態に近く、自衛隊法はありますが、憲法上では、本当に戦えるのかどうかがよく分からないままになっています。

一方、アメリカは、衰退《すいたい》の兆候は出ていますが、いまだに世界最強の軍事大国であることは事実です。軍事予算だけでも、日本の国家予算（一般歳出《いっぱんさいしゅつ》）と同じくらいの額を持っているのです。日本が、それだけの軍事予算を持つことは、とても不可能です。

要するに、世界最大の軍事予算を持っている「世界最強の軍事大国」と同盟関係を結んでおくことは、この国の平和と安定にとって極《きわ》めて大事なことです。

はっきり言って、日米の絆《きずな》がかっちりと結ばれているかぎり、日本に戦争を挑《いど》んでくる国はありません。将来、日本が没落《ぼつらく》し、アメリカも没落し、両国とも弱くなったならば、話は違《ちが》うかもしれませんが、今の段階では、日米がガチッと手を結んでいるかぎり、本気で攻《せ》めてこれるところはないのです。その意味で、日米同盟は、国民の安全にとって非常に大事なものです。

「米軍に出て行ってほしい」というのが、地域の感情としてあるのは分からない訳ではありません。しかし、現時点では、「前述した日英同盟と同じく、世界最強国との同盟関係を破棄《はき》したら、自分たちだけで日本を守らなければならなくなり、大変なことになりますよ」と言わざるをえません。在日米軍に代わるだけの戦力を日本独自で持つとなったら、そうとうな準備が必要ですが、現時点では、その準備はまったくできていない状況《じょうきょう》なのです。

米軍基地をなくすための、二つの前提条件

現在、北朝鮮《きたちょうせん》や中国が、着々と軍事的な増強路線をとっていることは明らかです。

北朝鮮は、国内の経済が逼迫《ひっぱく》しています。そして、日本人を拉致《らち》したことを国家のトップが堂々と認め、かつ、拉致された人がまだあの国に残っているにもかかわらず、日本は、北朝鮮に対し、何も打つ手がないという状況です。

また、中国の次期国家主席になることがほぼ決まった習近平《しゅうきんぺい》氏に至っては、「北朝鮮との軍事同盟を強化する」という方針を打ち出しています。彼は、北朝鮮を正しいと考えているようなので、今後、中国は北朝鮮と同じような体質になってくるかもしれません。

私は、長い目で見た場合、今、沖縄に集中している米軍基地は、段階的に、国内の他の所に移転したり、あるいは、アメリカ国内に引いていったりする可能性が高いと思いますし、そうなるべきだろうとも思いますが、それには前提条件があるのです。

前提条件としては、二つあります。

一つは、やはり、北朝鮮です。北朝鮮は、核《かく》大国になろうとする意図を持っていて、国民が飢《う》えていても核兵器の開発をやめずにいますが、まず、この国を、平和的な国に変えさせる必要があります。これは、もう一段、圧力を加えれば、そうなる可能性があります。

もう一つは、中国です。中国は劉暁波《りゅうぎょうは》氏のノーベル平和賞受賞問題で、図《はか》らずも正体がばれました。

中国は、経済レベルで発展し、観光客も日本にかなり来るようになったので、多くの人が、「日本とほとんど同じような国になった」と錯覚《さっかく》していましたし、マスコミ報道でも、そのようになっていたと思います。

しかし、劉氏のノーベル平和賞受賞が決まると、中国政府は、「政府を批判して投獄《とうごく》されている人間を称賛《しょうさん》するような報道は許さない」ということで、国民にその事実を知らせないようにしたのです。それを見て、中国はまだ完全に政府の情報統制下にあることが、よく分かったのではないでしょうか。これでは、戦時中の日本と同じです。

ゆえに、「左翼は平和主義である」という論理は成り立ちません。それを知っていただきたいのです。共産党は、一党独裁になると、必ず軍部を掌握《しょうあく》します。そして、軍部を完全に掌握した一党独裁体制は、軍事的な行動を非常にとりやすいし、国民を非常に簡単に統制できてしまうのです。

そのように考えると、やはり、中国が、本当に自由で民主主義な国になり、そして、国内法と国際法の両方をきちんと理解して行動できるような国になることが必要です。これが二つ目の前提条件なのです。

中国は、まだ国内法と国際法の区別がついておらず、「国内法がそのまま世界に通用する」と思っている節《ふし》がかなりあります。このあたりについては、国際社会のなかで、もう一段、理解を進めさせる必要があります。

日本は、中国や北朝鮮等が極端《きょくたん》な方向に行かないように歯止めをかけるとともに、なるべく、西側と同じ土俵に乗せていかなければなりません。そうして、両国に西側諸国と対等に付き合えるような土壌《どじょう》ができた段階ではじめて、「米軍基地の段階的縮小や移転」あるいは「日本独自での防衛体制への移行」があってよいのです。

したがって、今はまだ、その時ではありません。もし、今、沖縄から米軍基地を追い出したならば、むしろ、「中国や北朝鮮等につけ込まれるおそれが極めて高い」と言わざるをえないのです。

中国が尖閣《せんかく》諸島を狙《ねら》う本当の理由

先日（二〇一〇年十月十三日）、私は、温家宝《おんかほう》首相と、北朝鮮の三代目と見られている金正恩《キムジョンウン》氏の二人の守護霊霊言《しゅごれいれいげん》を収録しました（『温家宝守護霊が語る　大中華《ちゅうか》帝国《ていこく》の野望』〔幸福実現党刊〕として刊行）。

このとき、幸福実現党の立木《ついき》党首らが、「なぜ尖閣《せんかく》諸島を狙《ねら》うのですか」と質問をしたところ、温家宝守護霊は、「石油が眠っていることが分かった以上、日本に渡《わた》すわけにはいかない。石油は軍事物資である。その石油を、日本が自国領で手に入れられるようになったら危険だ。先の大戦で、日本が敗れたのは、国内で石油を取れなかったことが大きい。もし国内で取れていたら、日本は戦争に負けなかっただろう」ということを言ったのです。

つまり、中国は、尖閣諸島は日本領であることを知っていながら、領有権の主張をしているわけです。それは、日本の支配下に置かれて油田開発をされると危険だと考えているからです。そのへんの事情をよく知らなくてはいけないでしょう。

さらに、最近、中国は、「○○はもともと自国の領土である」という一方的な宣言をよくしているので、要注意です。沖縄は長らく平和を享受《きょうじゅ》してきましたが、今はヘビに睨《にら》まれたカエルのような状況にあることが、よく分かっていないのではないでしょうか。中国は、「沖縄は中国固有の領土である」と公式に宣言するタイミングをじっと見計らっているのです。

沖縄は非常に大事な所です。アメリカが前回の戦争に勝って日本を占領《せんりょう》したため、たまたま進駐《しんちゅう》し続けているように見えますが、理由はそれだけではありません。

沖縄は、地政学的に見て、国際政治学的に見て、ものすごく重要な地域なのです。

沖縄における自衛隊の戦力が大したことがない状況下で、もし米軍が沖縄から撤《てっ》退《たい》したならば、どうなるでしょうか。台湾《たいわん》は簡単に落ちてしまいます。今はまだ台湾は中国に吸収されていませんが、それは、沖縄における米軍のプレゼンス（存在感）が大きいのです。沖縄には、自衛隊もいますが、米軍が存在しているために、台湾は落ちないのです。米軍が引いたら、台湾はすぐに落とされます。

そして、台湾が中国領になった場合、当然、台湾は中国の海軍基地になります。そうなると、台湾の南側、すなわち、西南アジアから石油を輸送しているタンカーが通るシーレーン（海上交通路）が、中国の支配下に入ることになります。

これは、日本に石油が一滴《いってき》も入ってこなくなることを意味するのです。たいへんな危機です。日本に石油が入らなくなったら、あっという間に、日本は〝日干し〟状態になります。

先ほど、「中国は、尖閣諸島の海底油田を日本に渡したくないと考えている」と述べましたが、ここにおいても、日本への石油の輸送を止めようと狙っているのです。石油の部分を止められると、日本にとっては非常にきついものがあります。

しかも、中国は、日本が鉄鉱石等を輸入しているオーストラリアにも触手《しょくしゅ》を伸《の》ばしています。また、タイはもともと仏教国であり、反共《はんきょう》（共産主義に反対）の国ですが、中国はタイにも手を伸ばし、懐柔《かいじゅう》に入っています。鉄道等のインフラ整備の資金を供与するなどして、タイにも入り込もうとしているのです。それから、インドネシアにもそうとう入り込んでいて、戦略的提携《ていけい》を強化しています。「南方の国々を支配下に置こう」という中国の作戦は、今、着々と進行中なのです。

なお、フィリピンは、中国との領海問題を抱《かか》えているので、日本に「頑張ってください」と言っているような状況です。日本が、中国に対して、島を簡単に明け渡していくようであれば、フィリピンも同じ運命になるからです。

このように、アジアの海は、凪《な》いでいるような状態ではありません。このへんを国際情勢として知っておいたほうがよいでしょう。

ここまで述べると、「沖縄から米軍基地がなくなって、いちばん喜ぶのは誰《だれ》か」ということが、みなさんにも分かるでしょう。それは北朝鮮と中国です。

今はまだ、日本独自で「この国を守る責任」が果たせない状況にある以上、ここは賢《かしこ》くなければいけません。かつて日英同盟の破棄によって戦争に巻き込まれていったことをよく考えなければいけないですし、今後、アメリカが経済的に減速あるいは低迷していくのであるならば、アメリカと共存共栄できるように、もっと努力すべきです。

今、日本企業《きぎょう》は、中国から撤退を始めつつあり、アジアのほかの国に移行しようとしています。なぜなら、中国はカントリーリスクが大きすぎるからです。経済界も、「残念ながら、中国はまだ対等に話ができるような状況にはない」ということを理解し始めたのではないかと思います。

2　日本は「外交の鉄則」を立てよ

国際法上、日本領であることが確定している尖閣《せんかく》諸島

今、日本にとって大事なのは、「外交の鉄則」をきちんと立てることです。そして、「今後、日本の外交は、このような鉄則の下《もと》に行う」ということを、あらかじめ、国内および外国に対し、明確に示しておくことが大事なのです。

それをせず、場当たり的に「何とか片付けよう」とか、「話し合いで済ませよう」とか、そのようなことをしていると、しだいに、おかしな交渉《こうしょう》に持っていかれ、何をやっているのかが分からなくなるのです。

尖閣《せんかく》諸島にしても、国際法上、日本の領土であることは確定しています。もし、それが間違《まちが》っていると言うならば、中国は国際司法裁判所に提訴《ていそ》すればよいのです。

しかし、中国は絶対にそうしません。なぜなら、裁判で負けることが分かっているからです。そこで、当事者同士の紛争《ふんそう》に持っていこうとしているわけです。

中国は、国際司法裁判所には持っていかず、「尖閣諸島は中国固有の領土である」と一生懸命《いっしょうけんめい》に言って、国民を洗脳しています。その意図は、先ほど述べたように、海底油田などの資源を手に入れることです。一九七〇年ごろ、石油が大量に埋蔵《まいぞう》されていることが判明したのですが、それが、尖閣諸島を欲《ほ》しくなった、もともとのきっかけなのです。

場当たり的な対応に終始した日本政府

したがって、繰《く》り返しになりますが、日本は、まず、「外交の鉄則」をきっちりと立てることが必要です。場当たり的な解決を図《はか》ろうとしたり、「とにかく仲良くしよう」というような感じでやったりすると、どんどん話が変わっていきます。

今回の中国漁船衝突《しょうとつ》事件において、日本は、「尖閣諸島は日本固有の領土である」

と主張して漁船を拿捕《だほ》し、船長を逮捕《たいほ》するところまで持っていったのですから、本当は、その原理・原則をきちんと守るべきでした。「日本国内で不法行為《こうい》を働いたならば、日本の法律で裁く」という原則を、きちんと主張しなければならなかったのです。

そうせずに、船長を釈放《しゃくほう》したわけですが、案の定、中国側からは、「日本は、中国領土を侵《おか》し、『漁船の船長を捕《つか》まえる』という不法行為をしたのだから、謝罪と賠償《ばいしょう》をしてほしい」というように言われています。

その後、菅《かん》首相は、ベトナムで開かれたASEAN《アセアン》（東南アジア諸国連合）関連の首脳会議で、中国の温家宝《おんかほう》首相と握手《あくしゅ》をしたとき、触《さわ》るや否《いな》や、手を離《はな》されていました。また、前原《まえはら》外相（当時）も、中国の外相に握手を求めていましたが、徽菌《ばいきん》でも触ったかのように、すぐに手を引っ込《こ》められていました。見ていられないほど、露骨《ろこつ》な対応をされていたのです。

また、菅首相は、日中首脳会談を要望していて、本章の講演の二日前（十月二十九日）に、会談が行われる予定でしたが、急遽《きゅうきょ》、中国側からキャンセルされていま す。結局、その翌日に、約十分ほど非公式に会談をしましたが、中国国内では、そのことは一切《いっさい》報道されていません。中国は、国内から、「日本に対して軟弱《なんじゃく》だ」という批判が出てくることを恐《おそ》れているのです。中国は、そういうお国柄《くにがら》なのです。

筋を通さなければ、国際的な信頼《しんらい》と支持は得られない

やはり、原理・原則を外したのが問題だったと思います。「国内法に基づいて処断する」と言った以上、きちんと、そうすべきでした。そうしておけば、国際的な信頼《しんらい》と支持をそれなりに得られたと思うのです。最後は、やはり、「国際社会が、どう判断するか」ということが大きな圧力になるので、日本は、きちんと筋を通せばよかったのです。

しかし、政府は、船長を釈放し、問題を曖昧《あいまい》にしてしまいました。これで、「何が問題なのか」が分からなくなってしまったのです。そのため、話題がずれていき、

今度は、「中国と会談をさせてもらえるかどうか」という交渉に持って行かれています。これは、実は、そうとう押《お》し込まれているのです。

日本の政府は、当初、「領海侵犯《しんぱん》をし、海上保安庁の船にぶつかってきたのは、中国側ではないか」と言っていたのに、いつの間にか、「首脳会談をしてもらえるかどうか」というような話に持って行かれています。さらに、「状況《じょうきょう》を撮影《さつえい》した映像を公開したら、横浜《よこはま》で開催《かいさい》するＡＰＥＣ《エイペック》に来てくれないのではないか」などという話になって、政府の姿勢は、どんどん引いていきました。

これは、日本の外交に原理・原則がないからです。場当たり的に、とにかく取り繕《つくろ》おうとしている証拠《しょうこ》なのです。これでは駄目《だめ》です。やはり、大国として、外交の原理・原則をきちんと立てなければいけません。

国連が機能している平和な社会においては、いかなる国も、国際法の下《もと》に処断されなければならないのです。これは百五十年前もそうです。以前、ＮＨＫの大河ドラマ「龍馬伝《りょうまでん》」を見ていると、坂本龍馬が、「万国公法《ばんこくこうほう》」（当時の国際法）を持ち出して、紀州藩《きしゅうはん》と賠償交渉をしていました。

あるとき、海援隊《かいえんたい》の船が、紀州藩の船と衝突し、沈没《ちんぼつ》してしまいます。徳川御三家《とくがわごさんけ》である紀州藩は、高圧的な態度に出て、見舞金《みまいきん》千両で事を収めようとしますが、坂本龍馬は、「御三家であるかどうかは関係ない。船の事故は、万国公法に基づいて、処理しなければいけない」と言って、押し返すのです。

そのドラマでは、交渉の場に外国人を呼び、その外国人からも、「いかにも、そのとおりである。これから、日本の海を船がたくさん行き来するようになれば、事故も増えてくる。そのときは、万国公法に基づいて、どちらに非があるかを判断しなければいけない」などと言ってもらっていました。こうして、結局、坂本龍馬は、八万三千両余りの賠償金を引き出すことに成功したのです。

これは百五十年前の話です。百五十年たった今、まだ、国際法に基づいて交渉できないというのは、はっきり言って遅《おく》れています。日本は、「ルールに則って国際的な紛争を解決していく」という態度をきちんと取らなければいけません。

3 「自分の国は自分で守る」という理念を取り戻《もど》そう

国民を守るのは国家としての義務である

日本では、国の防衛について何か発言すると、すぐ、軍国主義であるかのように悪く宣伝されることもありますが、やはり、それは、おかしいのです。

軍国主義だと言うならば、外国にも同じ基準を当てはめなければいけないでしょう。「日本の場合は平和主義憲法であり、外国と戦わないことになっている」と言うのは結構ですが、そう言うのであれば、北朝鮮《きたちょうせん》や中国にも日本の憲法九条を採用してもらえるように、ぜひ運動を起こしていただきたいものです。〝平和勢力〟の方々におかれては、北朝鮮や中国に対し、そういう圧力をかけていただきたいのです。それでこそ、本当の平和勢力であると私は思います。

中国には、日本を狙《ねら》っている核《かく》ミサイルが、一説には二百基あると言われています。北朝鮮も、正確な数は分かりませんが、今、核ミサイルを開発しています。

金正恩《キムジョンウン》の守護霊《しゅごれい》は、霊言《れいげん》のなかで、「コメを十万トンくれたら、核ミサイルを一発撃《う》つのをやめてもいい」と言っていました。質問者が、「では、何万トン欲《ほ》しいのか」と訊《き》くと、「二百万トンは欲しい」と答えていました。「そうすれば、核ミサイルを撃つのを全部やめてくれるのか」と訊き返すと、「いや、全部は駄目《だめ》だ」と言っていましたが、この発言から、「北朝鮮は、だいたい二十発ぐらいの核ミサイルをつくろうとしているらしい」ということが推定されるのです。

こうした、「片方は軍事的に脅《おど》せるけれども、もう片方は何もできない」という一方的な関係であっては、そこに何らの正義もなければ、話し合いもありえないということです。それを知らなければいけません。

自国を防衛することは、国際法的には正義です。どの国にも、他国から侵略《しんりゃく》されないようにする義務があり、権利もあるのです。国民を守るのは国家としての義務です。その義務を放棄《ほうき》したら、もはや国家ではありません。

今、〝吉田《よしだ》ドクトリン〟のツケが回ってきている

『日本外交の鉄則』（幸福実現党刊）のなかにも書きましたが、今まで政治学者もマスコミも点検してこなかったことが、一つだけあります。それは、〝吉田《よしだ》ドクトリン〟というものです。

吉田茂《よしだしげる》は、戦後の名宰相《めいさいしょう》と言われている人です。彼は、一九五一年、アメリカと安全保障条約を結び、「アメリカに守ってもらって、日本は経済活動に邁進《まいしん》する」という路線を敷《し》きました。

日本は、戦後、アメリカから押《お》しつけられた憲法、要するに「占領《せんりょう》憲法」を受け入れましたが、実は、一九五〇年に朝鮮戦争が起きたとき、アメリカは対日政策を転換《てんかん》し、「日本はきちんと憲法改正をして、独自の防衛力を持つように」と要請《ようせい》してきていました。それをはねつけたのが、吉田茂だったのです。

彼は、「アメリカは日本の番犬さまだ」などと言い、「番犬さまが守ってくれているから、日本は経済活動だけに邁進していればよい」という路線をつくりましたが、戦後、それが成功したように見えたために礼賛《らいさん》されていました。「日本は金儲《かねもう》けに専念できたので、こんなに発展した」と、神話のように言われてきたのです。

しかし、この判断は、政治家としては間違《まちが》いであったと考えます。日本は、この段階で、半主権国家、すなわち、主権を完全に行使することのできない国家になってしまったのです。その結果、商人国家、金儲け国家にはなりましたが、国のトップが「自分の国を自分で守る」という理念を捨てたことのツケが、今ごろになって、回ってきているわけです。

どこの国であっても、占領状態が終われば、元の状態に戻《もど》します。それは当たり前のことです。例えば、今のイラクも同じです。アメリカはイラクを占領しましたが、撤退《てったい》するに当たり、イラクに軍隊をもう一回つくらせています。普通《ふつう》は、「軍隊をつくったら、再び牙《きば》を向けるのではないか」と思うかもしれませんが、アメリカはイラクにきちんと軍隊をつくらせていますし、自分たちで自治ができるよう、警察もつくらせています。これは当たり前のことなのです。

したがって、日本も、戦後、どこかの時点で、この〝吉田ドクトリン〟を見直さなければいけなかったのです。ここに大きな間違いがあったと思います。

日本の国益を考えて正論を通す

幸福実現党は、世間から、まだ十分には認められていないようですし、「新聞社主催《しゅさい》の沖縄《おきなわ》県知事選候補予定者の討論会に、幸福実現党の候補者を入れてくれない」ということで、党員のみなさんは、悔《くや》しい思いをしているようです。その代償《だいしょう》として、新聞に、私の著書と講演会の広告を載《の》せてくれたのかもしれません。このへんは、駆《か》け引きとしては、非常に難しい読みではあります。

当会は、立宗《りっしゅう》から二十数年たち、日本を代表する大きな宗教団体になっていますが、幸福実現党のほうは、立党してまだ一年余りの新米の政治団体とも見られているのでしょう。

したがって、単に泣き寝入《ねい》りするのではなく、この悔しさをバネにして努力し、実力を蓄《たくわ》え、実績を外に出していくことによって、認められるようになることが大事であると思うのです。

最近では、私たちがよく批判している民主党政権の防衛大臣でさえ、「先島諸島《さきしましょとう》に自衛隊を二百人は駐屯《ちゅうとん》させたい」と言っています。この発言に対し、民主党系の人たちが支援《しえん》している候補者も、自民党系から出ている候補者も、聞く耳を持っていませんでした。結局、幸福実現党の候補者が、防衛大臣と外務大臣の代わりに、日米同盟や国防の大切さを訴《うった》えているような状態なのです。幸福実現党は、まだ世間から認められるような立場にないのかもしれませんが、やはり、正論は正論として通していくべきであると考えます。

私は、沖縄の新聞は、決して、中国の新聞であるとは思っていません。日本の国益をどうか一緒《いっしょ》に考えていただきたいと思っています。

第6章

平和への決断

原題『この国を守り抜け』講義

2010年12月19日
福岡県・幸福の科学福岡正心館

1　国際情勢に疎《うと》すぎる日本の政治家たち

日本の国論は、私の主張する方向に動いてきている

第6章では、私の著書『この国を守り抜《ぬ》け』の内容に関連して述べていきたいと思います。

この本は、内容的に、やや盛り沢山《だくさん》であり、いろいろなことを書いていますが、本章では、なるべく宗教的見地から述べたいと思います。

私は、この本のなかで、いろいろな主張をしましたが、私の述べていることは、「右から左」にすぐつながるようなものではありません。しかし、この一年半余りの日本の国論や世論《せろん》を見ると、水飴《みずあめ》がグニャッと曲がっていくように、少しずつ違《ちが》う方向へと動いてきたように感じます。二〇〇九年九月に政権を取ったばかりのこ

ろの鳩山《はとやま》政権の主張と、私の本とを読み比べてみれば、結局、政権政党が、私の言っている方向に動いてきていることは明らかなのです。

国益を代表する立場に立ったならば、党是《とうぜ》（党の基本方針）とは別に、やらねばならないことが、一定の方向で出てきます。個人や党派の考えを超《こ》えて、どうしても、そうなってくるのです。「それが分からないのですか」と、私は問い続けているわけです。

昨年（二〇一〇年）十一月には、沖縄《おきなわ》で県知事選があり、非常に皮肉な結果になりました。当選したのは、普天間《ふてんま》基地の県外移設を訴《うった》えていた方です。自民党系の方ではあるのですが、事前に、幸福実現党にも面会を申し入れ、「応援《おうえん》してほしい」とお願いに来たようです。この人は、「米軍基地はグアムまで撤退《てったい》しろ」と言っていた、もう一人の候補者に比べれば、主張は多少緩《ゆる》やかであったし、「移設先について話し合いの余地を残す」ということではありました。

ただ、「昨今、尖閣《せんかく》諸島での中国漁船衝突《しょうとつ》事件や、北朝鮮《きたちょうせん》による韓国《かんこく》への砲撃《ほうげき》事件等が連続して起きているなかにおいて、沖縄県の人々の意識があまりにも国際情勢に疎《うと》すぎる。慣性の法則というか、今までの考え方にとらわれすぎていて、世界の流れがあまりにも見えていない」ということについては残念であったと思います。

また、県知事選が終わったあと、菅《かん》首相は沖縄を訪問しましたが、沖縄県知事にお願いしていたことは、幸福実現党が主張している内容そのものでした。これを何と表現すればよいのでしょうか。「間が抜けた」と言うべきか、「遅《おそ》きに失《しっ》した」と言うべきか、「先見性がない」と言うべきか――。いずれにしても、「気の毒」と言うしかありません。

菅首相の顔を見ると、目がトロンとしていて、もはや、魚屋の店頭に並んでいる鯖《さば》と同じような目をしています。彼は、沖縄に行く前、硫黄島《いおうとう》で戦没者《せんぼつしゃ》の遺骨拾いをしていましたが、何かに取り憑《つ》かれて行ったのでしょうか。何をしに硫黄島に行ったのかよく分かりませんが、「先の戦争で亡くなったのは、沖縄の人だけではない」と言いたかったのかもしれません。とにかく、魚屋の店頭に並んでいる魚とよく似た目をしているので、かなり厳しい末期を迎《むか》えつつあると思います。

民主党としては、しばらくすると、おそらく他の人を担《かつ》ぎ出すでしょう。ただ、何回、首相を替《か》えても結果は同じだろうと思います。幸福実現党を立ち上げたとき、私が最初に指摘《してき》したとおり、基本的な考え方が間違っている場合には、何回やっても結果は同じなのです。

マクロというか、大きな見地から、この国のあり方やあるべき姿、国益というものを考えられない政治家でもってしては、国の舵《かじ》取りは難しいのです。

しかも、民主党の人たちは、この国の利害という観点のみならず、アジア、あるいは世界の正義や平和・繁栄《はんえい》という観点から見ても、一本、筋がきちんと通っていません。

要するに、民主党がしているような、単なる反対のための反対、否定するためだけの「チェンジ」には意味がないのです。前にあるものを否定するだけなら、今まで行われてきたことは、すべて反故《ほご》になり、ガラガラと壊《こわ》れていきます。「新しくつくり直す前に、また壊れる」ということの繰《く》り返しは、あまり生産的ではありません。これでは、「国民の税金を使って、無駄《むだ》な政治をしている」と言わざるをえないのです。

沖縄《おきなわ》から米軍基地がなくなると、どうなるのか

昨年十一月、北朝鮮と韓国は、いつ戦争が起きてもおかしくないような一触即発《いっしょくそくはつ》の緊張《きんちょう》状態に置かれ（延坪島《ヨンピョンド》砲撃事件）、臨戦態勢に入っていたのに、沖縄《おきなわ》県民の意識は、平和ぼけした状態でした。そのことについては、非常に残念でなりません。

普天間基地の移設問題は、沖縄県だけではなく、日本全体の問題でもあるし、韓国や台湾《たいわん》等の問題でもあります。ひいては、「世界の情勢をどういう方向に持っていくか」という、大きな流れともかかわっている問題なのです。

沖縄から米軍基地がなくなれば、平和が来るわけではありません。「米軍は、何のために沖縄にいるのか」ということを考えなければならないのです。

今、怖《おそ》れるべきは、北朝鮮のほうが韓国より軍事的優位に立つことです。例えば、北朝鮮が、韓国のいちばん南まで占領《せんりょう》してしまったならば、どうなるかを想像してみればよいのです。これは、大変なことになります。

北朝鮮軍が、朝鮮半島の南端《なんたん》まで来て、日本に向けてミサイルを並べたとしたら、それが、日本にとって何を意味するかを考えてみてください。

そのとき、日米安保にひびが入《はい》っていて、アメリカ軍が日本から撤退しているような状況《じょうきょう》だったならば、どうするつもりでしょうか。自衛隊も憲法も、今の状態のままで、果たして、この国を守れるのでしょうか。

さらに、在日米軍の撤退を招けば、日本にとって大切な地域である台湾は、簡単に中国本土に吸収されることになるでしょう。そうなれば、台湾が中国の軍事基地になるのは、もう目に見えています。

日本は、西南アジアから石油を輸入したり、アフリカと交易等をしたりしていますが、台湾の海域は、そうした輸送船が通るコースになっています。つまり、西との交易に欠かせないシーレーン（海上交通路）が、中国海軍の支配下に完全に置かれることになるのです。もし、そうなったならば、自衛隊は、米軍が助けてくれない状況下で、どうするのでしょうか。次々と難問は降りかかってくるでしょう。

果たして、沖縄県の人々は、ここまで考えた上で、県知事選挙をしたのでしょうか。ただ、県民に、このように言うのは酷《こく》かもしれません。なぜなら、このことは、鳩山前総理も全然分からなかったからです。彼は、総理になっても分からず、総理を辞《や》めるころに、やっと分かったようです。（注。但《ただ》し、鳩山氏は、二〇一一年二月、「抑止力《よくしりょく》と言ったのは、沖縄を説得するための方便だった」と発言している。）

一方、菅氏のほうは、ようやく、「まずいことになっている」ということが分かってきているようです。しかし、「今までの主張から言って、言いにくい」ということで、あのような歯切れの悪い対応になっているわけです。

現在、その程度の認識の政治家しか持ちえていないということは、この国にとっては、不幸なことであると思います。

ただ、彼らも、きちんとした知識さえあれば、あるいは、進むべき方向さえはっきりと分かれば、変わってくることでしょう。結局、どうすればよいかが分からないでいるだけなのです。そこで、私は、昨年だけでも五十冊以上の本を出し、一生懸命《いっしょうけんめい》、彼らを指南《しなん》し続けているのです。

私にとっては、民主党だろうが、自民党だろうが、その他の党だろうが、別に関係ありません。この国のあるべき姿をはっきりと示し、この国に、一本、筋を通さなければいけないので、とにかく、その方向に向けて指南してきたのです。

2　北朝鮮《きたちょうせん》と中国の今後を予測する

アメリカは二〇一三年までに北朝鮮《きたちょうせん》問題を片付けるだろう

北朝鮮《きたちょうせん》については、今の体制のままでの国家の存続を許すわけにはいかないと私は考えています。ただ、ほとんど限界状況《じょうきょう》まで来ていると思われるので、近年中に、何らかの決着をつけなければならなくなるでしょう。

北朝鮮は、軍事独裁国家です。しかも、非常に抑圧的《よくあってき》な体制で、二千万人余りの国民は、ここ数十年の間、非常に圧迫《あっぱく》された苦しい状況に置かれ続けています。特に近年は、食料が十分にない状況が続いているのです。

したがって、決着をつけなければいけない時期が来ていると考えています。

私が最も恐《おそ》れていたのは、ロシア、北朝鮮、中国等が連帯を組むことでした。これを最も恐れていたのですが、幸いにして、ロシアは、砲撃《ほうげき》事件のあと、北朝鮮を非難する声明を出しました。ロシアが、「北朝鮮と同じような流れには入らない」という態度を示したことは、よかったと思っています。

つまり、「ロシアは、領土問題で日本と対決するよりも、サハリンやシベリアの経済開発を通して日本と交流するほうが、利益は大きいと見た」ということです。

要するに、これは、「領土問題で中国や北朝鮮と足並みを揃《そろ》え、『領土を取る』と一《いっ》生懸命《しょうけんめい》に言うよりも、日本との経済交流を深めるほうが、ロシアの将来にとってはよいと判断している」という意味なのです。それについては、望むべきところでした。やはり、そのようにあるべきだと考えています。（注。その後、二〇一一年二月、ロシアは北方四島近海に揚陸艦《ようりくかん》二隻《せき》を配備する方針を発表した。これは、続投に向けたメドベージェフ大統領の軍部へのＰＲと思われ、日本に対する脅威《きょうい》とは考えていないが、予断を許さない状況ではある。）

この北朝鮮の問題について、私は、次のように予測しています。

昨年十一月、アメリカで中間選挙が行われましたが、民主党が一九三八年以来の歴史的な大敗北を喫《きっ》しました。そのため、次の二〇一二年の大統領選挙では、おそらく、共和党に政権が返ってくるだろうと考える人もいます。

そうなれば、世界の流れがまた変わってくるので、日本も、何とか持ち堪《こた》えられるかもしれません。そのように、私が望んでいた方向に、今、戻《もど》ってこようとはしています。

一方、中国は二〇二〇年までに空母艦隊《かんたい》をつくろうとしていますが、自国で建造した最初の空母が就役《しゅうえき》するのは、二〇一四年と推定されています。そして、中国の空母艦隊が東シナ海に配置されたならば、アメリカとの間で、紛争《ふんそう》になる可能性がかなり高まってきます。

したがって、私は、「アメリカは、北朝鮮の問題を二〇一三年ぐらいまでに片付けようとするだろう」と見ています。つまり、「現在の金正日《キムジョンイル》体制は（あるいは金《キム》正恩《ジョンウン》体制になるかもしれませんが）、あと二、三年以内に終わりを迎《むか》える可能性が高い」と、今、私は判断しているのです。

アメリカ軍は、二〇一一年七月、アフガニスタンから撤退を開始する予定ですが、今述べたことは、その撤退《てったい》が終了《しゅうりょう》したあとに続いて起きると思われます。

アメリカの空母から、夜間にステルス戦闘機《せんとうき》が発進し、超《ちょう》低空で飛んで爆撃《ばくげき》をすれば、戦争はあらかた終わるでしょう。おそらく数時間で決着がつきます。したがって、平壌攻撃《ピョンヤンこうげき》はおそらくするはずです。それは、アメリカにとって、中国の空母が就役する前にやらなければいけないことだからです。その準備はもう始まっているると思います。

今、北朝鮮と韓国《かんこく》は睨《にら》み合っていますが、冷戦状態が終わらず、一つの民族が二つに分かれて睨み合っている状態が延々と続くことは、必ずしもよいことだとは思いません。ただ、「どちらの体制を選ぶか」ということであれば、私は、やはり、「韓国のものの考え方のほうが、国民をより幸福にする」と考えます。したがって、かつて西ドイツが東ドイツを吸収したように、韓国の体制が北朝鮮を吸収するかたちで朝鮮半島が統一されることを希望しています。

中国では、まもなく「政治対経済の戦い」が始まる

中国も、これから二〇二〇年までの間に、非常に難しい時期を迎えると思います。

当会の霊言集《れいげんしゅう》によれば、中国による日本の植民地化など、危機の予言も数多く出ていますが、私は、中国については、この十年の間に、民衆の立場に立った幸福な

方向に国が変わることを心より望んでいるのです。

中国は今、軍事的に拡張し、覇権《はけん》をアジアからアフリカまで広げようとしていますが、この覇権を広げようとする流れは、残念ながら、将来的には大きな世界大戦を呼ぶ動きです。このまま行けば、必ずそうなると思います。

したがって、中国には、やはり、一定のところで行き詰《づ》まっていただきたいと思っています。そして、内部から民主化や自由化の流れが起き、その政治的な流れが、ある程度、西側と話し合えるレベルにまで、体制を変えていくのが望ましいと考えています。

私は、そのように、柔軟《じゅうなん》で、人々の意見を聴《き》けるような体制に中国を変えていきたいのです。そのためには、「思想の力」も非常に大きいと思っています。

現在、十三億人という世界の約五分の一の人口を誇《ほこ》っている国が、国民にノーベル平和賞受賞者の名前も顔も知らせず、情報封鎖《ふうさ》をしています。こうしたことが今の時代にありえること自体が、異常であると思います。

彼らは、情報鎖国をしており、国民を完全に管理できると考えているようです。「由《よ》らしむべし、知らしむべからず」ではありませんが、「国民は、とにかく、党中央部の意見を聴いていればよいのだ」ということになっているのでしょう。

しかし、中国国内では、これから「政治」対「経済」の戦いになります。

私は、幾《いく》つかの本に書きましたが、「おそらく経済原理のほうが勝つ」と考えています（『社長学入門』『未来創造のマネジメント』〔共に幸福の科学出版刊〕等参照）。霊言集のなかには、「政治原理のほうが暴走する」という予言も数多く出ていますが、私としては、「経済原理のほうが勝つ」と見ているのです。

経済原理とは何かというと、「自由が保障されないところに、基本的に繁栄《はんえい》はない」ということです。経済の原点は商売ですが、商行為《しょうこうい》というものは、自由にできなければ、基本的に発展・繁栄をしないのです。

計画経済がある程度うまく行き、統制経済下での発展があるように見えても、一定のところで必ず破綻《はたん》することになっています。なぜなら、「中央政府が、経済の隅々《すみずみ》まですべてを管理する」などということは不可能だからです。

計画経済というのは、非常に低いレベルから重工業国家に上がっていく段階までは可能です。あるいは、軍事国家をつくっていく過程では可能です。しかし、真に「自由からの発展」を目指す国家になってくると、できなくなってくるのです。その段階では、個々の起業家や経営者の力など、個人の努力の総合が、国の経済的な力に変わってくるからです。

したがって、まもなく、政治対経済の戦いが始まってくるでしょう。それは、中国の政治家にとって、体面上、よろしくないことかもしれませんが、必ずそうなると思います。

かつて、ソ連とアメリカは実際の戦争をすることなく、冷戦として〝第三次大戦〟を戦いましたが、それと同じような仮想大戦として、中国対アメリカの〝第四次大戦〟が起きないことを私は祈《いの》っています。

今の中国の政治体制は、国民に「情報を入手する自由」を与《あた》えた段階で崩壊《ほうかい》するでしょう。国民に情報を開示し、意見を自由に言わせる状態をつくった段階で、民主的な新しい体制に変わります。できれば、そうなることが望ましいと考えています。やはり、あれだけ大きな国で、複数の意見が出ないのは、おかしいことです。党中央部以外の考えすべてを、国家に対する犯罪のように扱《あつか》い、異端排除《いたんはいじょ》していくのは、異常なことなのです。

そして、新しい体制へ移行する過程において、日本との関係が見直されていく必要もあるであろうと考えます。

中国の人々は、観光客としてかなりの人数が日本に来ているので、個人のレベルでは、少しずつ意識が変わってきていると思いますが、最終的には、政治レベルでの変革が必要です。これからの十年間、民主化への戦いを続け、国家として新しい中国に生まれ変わっていただきたいと考えています。

繰《く》り返しますが、国家としての北朝鮮は、できれば近年中に、韓国に統一されるかたちで併合《へいごう》されることが望ましいと私は考えています。中国に関しては、政治体制が変わり、自由と民主主義の国、国民が繁栄を目指せる国になっていくことを望んでいます。

そのために、私としては、思想の次元で、できるだけ情報を発信し、中国内部に伝道《でんどう》を進めていきたいと考えています。大きな戦争が実際に起きないように世界を導いていければ幸いであると思っています。

3　この国を守り抜《ぬ》くためのポイント

平和を愛さない国に対して「憲法九条適用の除外」を

さらに、もう一つ、述べておきたいことがあります。それは、またしても日本の政府に言わなければならないことですが、「『憲法九条や非核《ひかく》三原則などの平和主義を守ろう』という意見はあるだろうが、国家や国民がなくなってまで、守るべき憲法も法律もない」ということです。

憲法や法律は、国民や国家が存続できてはじめて意味があるのであり、国民や国家が存在できなくなるならば、意味はありません。それを一言《ひとこと》申し上げておきたいのです。

『この国を守り抜《ぬ》け』のなかにも少し書いてありますが、現在の政治状況《じょうきょう》から見ると、そう簡単に憲法改正ができるとは思えないため、私は、憲法九条をめぐっては、次のようなことを提案しています。

すなわち、一つの方法論として、「日本国憲法の前文には、『平和を愛する諸国民の公正と信義に信頼《しんらい》して、われらの安全と生存を保持しようと決意した』と書いてあるので、平和を愛さないような国家に対しては、憲法九条は適用されないこともありうる」という政府見解を出せばよいのです。そうすれば、今、必要な集団的自衛権の考え方などをしっかり打ち出すことができるのです。

将来、例えば、朝鮮《ちょうせん》半島で戦争が起き、アメリカ軍が参戦したときに、「自衛隊は何もできない」ということであっては、国益に適《かな》わないことになります。したがって、これを、やるべきです。

現時点では、まだ、「もし韓国《かんこく》が北朝鮮に攻《せ》め込《こ》まれ、韓国にいる日本人を救出することになった場合、自衛隊の船や飛行機を派遣《はけん》できるかどうか」などという程度のことが、国会等で議論されているようなレベルです。

したがって、万一《まんいつ》のときは、今述べたような解釈《かいしゃく》で、乗り切っていかなければならないと考えます。

アメリカが、韓国あるいは台湾《たいわん》の防衛行動をとったときには、自衛隊は、基本的に共同歩調をとることが大事です。それが、将来的に大きな戦争をせずに済む流れであるのです。それを申し上げておきたいと思います。

「大きな政府」を志向する社会主義的な政策を改めよ

アメリカでは、オバマ氏という、民主党のなかでも最左翼《さいさよく》の人が大統領になって文明実験をしましたが、二年たった今、もう結論は出たと思います。私は、以前、「オバマ氏が大統領になれば、アメリカはアメリカでなくなる」と予言していましたが、そのとおりになってきています（『朝の来ない夜はない』〔幸福の科学出版刊〕参照）。

アメリカ国民もそれが分かってきたようであり、「大きな政府」を志向する社会主義的な政策に対し、強烈《きょうれつ》な反対運動が起きています。「高い税金を取って、大きな政府をつくり、税金をばら撒《ま》く」という考え方に対し、「それはアメリカ的な考え方ではない。アメリカは、自由の国であり、基本的には、自分で自分を守る国である。弱者の救済としてセーフティネットを設け、最低限の生活は守るけれども、すべての国民を、国家が責任を持って養うような国ではない」ということを主張する運動が起きて、今、アメリカの論調は変わってきているのです。

したがって、日本の論調も、おそらく、これから大きく変わってくると思います。

財政赤字云々《うんぬん》の問題もありますが、資金の使途《しと》をもう一度よく確かめてみる必要があるでしょう。

大きな政府になりすぎているならば、それを改めて、個人のレベルでの自由を、もう少し保障しなければいけません。また、撒くべきではないお金を撒いて、人気を取っているならば、そういう政策はやめたほうがよいでしょう。その程度の国民の成熟度が、今、必要であると強く感じています。

結局、これからの日本が、「この国を守り抜く方法」を考える上では、基本的に、北朝鮮・中国の問題が、軍事的には最も大きな問題なのです。

したがって、日本の政治家は、私が述べた結論に持っていけるような方向で、努力しなければなりません。これは、どの政党が政権を取ろうとも同じです。これをやらないかぎり、非常に悲惨《ひさん》な未来が待っているのです。

敗戦国の宗教への干渉《かんしょう》は「国際常識違反《いはん》」

アメリカ軍の存在が、世界の戦争を起こしているように見える場合もあるかもしれません。しかし、アメリカが、一定の価値観を広げようと努力している点は、評価できると思います。

例えば、アメリカは、信教の自由等については干渉《かんしょう》していません。イラクと戦争をし、占領《せんりょう》したからといって、イラクをイスラム教国からキリスト教国に変えたりはしていません。相手の国の文化や宗教等に干渉しないことが、今の国際常識になっているわけです。

しかし、先の大戦で、唯一《ゆいいつ》、日本に関しては、この国際常識を破ってしまったのです。

日本の中心には国家神道《しんとう》がありましたが、アメリカは、戦争の敗戦国である日本に対し、宗教の変更《へんこう》を命じました。神道を、国家から完全に分離《ぶんり》させ、押《お》さえ込んだのです。これは、歴史的にも珍《めずら》しいケースです。

例えば、イギリスは、インドを約百五十年間、植民地にしましたが、結局、インドの宗教には手を出すことができず、インドをキリスト教国にすることもできませんでした。そのように、「政治のレベルで戦争をしても、宗教や文化のレベルには手を出さない」というのが、基本原則なのです。

にもかかわらず、マッカーサー以下の占領軍は、日本の宗教に手を出してしまいました。そして、そのことが、戦後日本の、「いびつな国家観や国民観」、あるいは「諸外国に対する卑屈《ひくつ》な態度」等につながっているのです。これは、「戦勝国であるという理由により、アメリカは、やってはいけないレベルまで、実は手を出してしまった」ということなのです。したがって、これを当たり前の姿に戻《もど》さなければいけません。

今、靖国《やすくに》神社問題については、中国から何度も突《つ》き上げられていますが、占領後、マッカーサーは、靖国神社の境内地《けいだいち》をドッグレース場に変えようとしていました。

それを止めたのは、実はカトリックの神父です。マッカーサーは、「戦争に勝ったからといって、神社を汚《けが》すようなことをしてはいけない」などと諫《いさ》められ、それを思いとどまったのです。

このように、軍事や政治のレベルでは、外国が手を出してもよい部分はありますが、民衆に根ざした文化のレベルのものについては、手を出してはいけないのです。

結局、そういうところにまで手を出されたことが、「六十五年が過ぎてなお、日本の国家観に背骨が通っておらずグニャグニャしている。既存《きそん》の宗教も非常に自虐《じぎゃく》的《てき》であり、マスコミ等も宗教を罪悪視している」ということの理由の一つであると思います。

宗教というのは、それぞれの国に固有のものであり、どの国の国民であっても、自分の国のために戦った人たちを埋葬《まいそう》し、自分たちの宗教で供養《くよう》するのは、当たり前のことです。それは、たとえ敵国であっても尊重すべき、当然の権利なのです。

したがって、中国やその他の国が、政治家の靖国神社参拝をおかしいことのように言うのは、国際常識に反しているのです。

今まで日本では、「外国から靖国参拝を批判されると、政府が譲歩《じょうほ》し、次にそれが領土問題等に飛び火する」ということがよく起きていました。つまり靖国問題は、日本封《ふう》じ込め政策として使われてきたわけです。しかし、これに関しては、日本は、やられてはいけないレベルまで、やられていると考えています。

4　国境を超《こ》えて、世界を一つに

地球は一つの大きな価値観の下《もと》に導かれている

今、私は、新しい信仰《しんこう》を日本から立てようとしています。

かつて地球の半分ぐらいを埋《う》め尽《つ》くした、マルクス主義の唯物論《ゆいぶつろん》信仰を打ち砕《くだ》き、「地球そのものが、一つの大きな価値観の下《もと》に導かれているのだ」という信仰を、今、打ち出そうとしています。それが「エル・カンターレ信仰」です。そして、「その信仰の下においては、国境は超《こ》えられていくのだ」と説いているのです。

マルクスは、「万国《ばんこく》の労働者よ、団結せよ！」（『共産党宣言』）と言って、資本家や政府を攻撃《こうげき》する左翼《さよく》運動を全世界的に広げていきましたが（いわゆる「インターナショナル」）、結果的にユートピアを実現できませんでした。それは事実として認めなければいけません。

日本においてのみ、今なお、左翼は平和勢力であるかのように言われていますが、世界的に見ると、それはありえません。なぜなら、左翼の国は、ほとんど軍事独裁国家になっているからです。国民がみな平等であり、一部のエリートだけが管理できる体制というのは、全体主義に最も近いので、共産主義は、軍事的な独裁国家が最もとりやすい考え方なのです。

共産主義は、必ず、「国民はみな平等だが、トップの一握《ひとにぎ》りのエリートだけが支配者階級」というスタイルになります。「万国の労働者が、全員、支配階級になる」などということは、現実にはありえないのです。それが、ありうるとしたら、民主主義的なやり方しか考えられません。投票によって選ぶという意味での支配者であれば、全員が支配者になることはありえますが、「労働者全員が、実際の権力者になる」というのはありえないことなのです。そのため、一部の独裁者が必ず出てくるわけです。

左翼は、決して平和勢力ではありません。それを知っていただきたいのです。

当会が政治運動を行うに当たり、平和勢力と衝突《しょうとつ》しているように言われることもありますが、それは間違《まちが》いです。彼らは、本当の平和勢力ではありません。彼らが理想としている国家は、みな、軍事独裁国家であり、人権を蹂躙《じゅうりん》している国家です。要するに、彼らは、日本をそういう国に持って行こうとしているのです。

日本から多元的な価値観や民主的な議論を追い出し、共産主義的な一元国家をつくったならば、どうなるでしょうか。当然、共産党軍ができ、軍部によって完全に支配される国家が出来上《できあ》がっていくはずです。ですから、決して、平和が来たりはしないのです。

そして、一党独裁型の軍事国家になると、他国への侵略《しんりゃく》が非常にやりやすい環《かん》境《きょう》ができてきます。「私は、それが望ましいとは思っていない」ということを述べておきたいのです。

「平和と安定・繁栄《はんえい》の時代」は、これからの十年にかかっている

日本は、隣国《りんごく》と領土問題等をいろいろと抱《かか》えています。ロシアとは北方四島《ほっぽうよんとう》の問題があり、韓国《かんこく》とは竹島《たけしま》の問題があります。中国とは、尖閣《せんかく》諸島の問題があります。あるいは、最近では、「沖縄《おきなわ》も中国領土だ」と言い始めています。

このように、領土紛争《ふんそう》のもとは、幾《いく》らでもあると思いますが、私は、もう一つ、大きな力が働かなければならないと思うのです。

すなわち、かつて朝鮮《ちょうせん》半島や中国から仏教や儒教《じゅきょう》が渡《わた》ってきて、日本の国の啓《けい》蒙《もう》に役立ったことは、歴史的な事実ですが、今度は、日本から、「新しい仏教」とも言える教えを、彼らの国のお役に立つように逆輸出したいと考えているのです。これは帝国《ていこく》主義的な考え方とは違います。人々を文化的な高みに導いていくための運動なのです。

私は、「すべての人に仏性があり、それらは相等《あいひと》しい」と説き続けています。また、「人間が神や仏に近づいていく可能性には、国籍《こくせき》による分け隔《へだ》てはない。男女による差も、肌《はだ》の色による差もない」ということを、はっきりと申し上げています。

それから、過去の転生輪廻《てんしょうりんね》においても、「日本人なら必ず日本人に生まれる。韓国人なら必ず韓国人に生まれる。中国人なら必ず中国人に生まれる」というようなことはありません。そのことを数多く証明しています。人間は、いろいろな国の、自分の魂修行《たましいしゅぎょう》に合った時代に生まれ変わり、その時代その時代で魂修行をしています。自分が生まれた国家は、暫定的《ざんていてき》な、その時点での魂修行の場なのです。

したがって、血の流れというか、遺伝子的に連綿と続いてきたものばかりを尊んではいけません。どの国に生まれても、自分を卑下《ひげ》する必要はありませんし、あまりにも高い自尊心を持ちすぎて、他の国を見下すことも、正しい行為《こうい》であるとは言えないのです。

「この教えによって、世界を、一つの方向に、よりよき方向に導いていく」ということを、多くの人々と共に行《おこな》っていきたいと思っています。

暗雲たなびく戦乱の時代になるか、それとも、局所的な戦いはあっても、それで止《とど》め、平和と安定・繁栄《はんえい》の時代をつくるか。それは、これからの十年にかかっています。

私は、世界の国々に教えを広げ、世界的なコンセンサス（合意）をつくっていこうと努力している者です。

今後、北朝鮮や中国だけでなく、イランなどに対しても批判的なことを言うかもしれません。ただ、当会の信者は、そうした国々にもいますし、これからも増えていくだろうと思っています。また、インドにも、この教えは広がっていくでしょう。

どうか、「幸福の科学の教えは国境を超えた思想である。幸福の科学は国境を超えた宗教である」ということを知ってください。私は、「世界の最後の拠《よ》り所になりたい」と強く願っているのです。

みなさんも、その方向で共に努力してくださることを心より希望しています。

あとがき

アメリカとの同盟を強化しつつ、中国（北朝鮮）らの民主化・自由化を押しすすめること。この姿勢を堅持することこそ、環太平洋地域の平和を守り、かつ、アフリカ、中近東の未来をさし示すことになるだろう。

今、地球的正義とは何かを知りたくば、私の本を読むことだ。そこに神仏の計画を読みとることができるであろう。

二〇一一年　五月十二日

幸福《こうふく》の科学《かがく》グループ創始者兼総裁《そうししゃけんそうさい》
幸福実現党創立者《こうふくじつげんとうそうりつしゃ》・党名誉総裁《とうめいよそうさい》
大川隆法《おおかわりゅうほう》

本書は左記の法話や質疑応答をとりまとめ、加筆したものです。

第1章　日米安保改定をめぐる「決断」　二〇一〇年五月二十三日説法
（原題『日米安保クライシス』講義）　東京都・東京正心館

第2章　太平洋戦争の勝敗を分けたもの　二〇一〇年六月十日説法
（原題『マッカーサー 戦後65年目の証言』講義）　神奈川県・横浜中央支部精舎

第3章　国防と平和に関する対話［質疑応答］

1　沖縄と米軍基地についての考え方　二〇一〇年十二月十九日説法
福岡県・福岡正心館

2　山本五十六と日米戦争の真実　二〇一〇年六月十日説法
神奈川県・横浜中央支部精舎

3　靖国問題で大切なこと
二〇一〇年五月二十三日説法
東京都・東京正心館

4　日本は日米安保の堅持を
二〇一〇年五月二十三日説法
東京都・東京正心館

第4章　国境を守る人々へ
二〇一〇年十月三十日説法
沖縄県・ANAインターコンチネンタル石垣リゾート

第5章　この国を守る責任
二〇一〇年十月三十一日説法
沖縄県・沖縄南部支部精舎

第6章　平和への決断
（原題『この国を守り抜け』講義）
二〇一〇年十二月十九日説法
福岡県・福岡正心館

『平和への決断』大川隆法著作参考文献

『日米安保クライシス』（幸福の科学出版刊）
『マッカーサー 戦後65年目の証言』（同右）
『この国を守り抜け』（幸福実現党刊）
『温家宝守護霊が語る 大中華帝国の野望』（同右）
『日本外交の鉄則』（同右）
『民主党亡国論』（幸福の科学出版刊）
『新・高度成長戦略』（同右）

平和《へいわ》への決断《けつだん》 ——国防なくして繁栄なし——

2011年6月7日　初版第1刷

著　者　大《おお》 川《かわ》 隆《りゅう》 法《ほう》

発　行　幸福実現党
〒104-0061 東京都中央区銀座2丁目2番19号
TEL(03)3535-3777

発　売　幸福の科学出版株式会社
〒142-0041 東京都品川区戸越1丁目6番7号
TEL(03)6384-3777
http://www.irhpress.co.jp/

印刷・製本　株式会社 東京研文社

落丁・乱丁本はおとりかえいたします

ISBN978-4-86395-109-9 C0030

幸福実現党

震災復興への道

日本復活の未来ビジョン

大川隆法　著

◆大規模な財政出動で景気浮上へ
◆復興増税は、景気も復興も駄目にする最悪のシナリオ
◆計画的な復興は官僚主導のほうが早く進む
◆東日本大震災は、現政権への天の警告である

1,400円

第１章　震災復興への道
第２章　復興ビジョンと国家の意義〔質疑応答〕
第３章　地球物理学者・竹内均の霊言 ―日本沈没はありえるか―
第４章　貧乏神と戦う法

発行　幸福実現党
発売　幸福の科学出版株式会社

※表示価格は本体価格（税別）です。

HS政経塾

もし諸葛孔明が日本の総理ならどうするか？

公開霊言
天才軍師が語る外交＆防衛戦略

大川隆法　著

激変する世界潮流のなかで、国益も国民も守れない日本の外交・国防の体たらくに、あの諸葛孔明が一喝する。

Chapter1 今、日本に必要な国防・外交戦略
Chapter2 国を富ませるための秘策
Chapter3 本物の人材を生み出すために

1,300円

もしドラッカーが日本の総理ならどうするか？

公開霊言
マネジメントの父による国家再生プラン

大川隆法　著

問題山積みの日本を救う総理の条件とは何か。マネジメントの父・ドラッカーとの奇跡の対話を収録。

Chapter1 日本の政治に企業家的発想を
Chapter2 未来社会の創出へのヒント
Chapter3 今、日本の外交にいちばん必要なこと

1,300円

発行　ＨＳ政経塾
発売　幸福の科学出版株式会社

※表示価格は本体価格（税別）です。